把今天的工作做好

BAJINTIANDEGONGZUOZUOHAO

王建强◎著

今天，是昨天的延续，明天的基石，只有用好了今天，
我们才有资格去憧憬明天，走更宽更广的路。

中国商业出版社

图书在版编目(CIP)数据

把今天的工作做好/王建强著. —北京：中国商业出版社，2012.8

ISBN 978-7-5044-7838-2

Ⅰ. ①把… Ⅱ. ①王… Ⅲ. ①企业管理－职工培训 Ⅳ. ①F272.92

中国版本图书馆 CIP 数据核字(2012)第 181617 号

责任编辑:刘毕林

中国商业出版社出版发行

010－63180647 www.c - cbook.com

(100053　北京广安门内报国寺 1 号)

新华书店总店北京发行所经销

北京绿谷春印刷有限公司印刷

*

710×1000 毫米　16 开　13.75 印张　255 千字

2012 年 10 月第 1 版　2012 年 10 月第 1 次印刷

定价:32.00 元

* * * *

(如有印装质量问题可更换)

前言

日出而作，日落而息。从遥远的农耕时代至今，人类已经历经了几千年的变革和发展。对今天的人们来说“日出而作，日落而息”的生活规律虽然未曾改变过，而工作的意义却不断更新换代。对我们来说工作到底意味着什么？是果腹的工具抑或成长的路径？人们对工作意义的不同理解也造就了人们截然不同的工作态度和工作成果。

如何在竞争激烈的职场求得生存，如何成为员工中的优胜者，诸如此类的企业培训教材与励志书籍，在市面上已经屡见不鲜了。然而当我们合上书再回想书中的内容时，头脑中往往一片空白。事实上也是如此，精辟的理论应该立足员工的工作和心理环境，在员工思想深处种植下扎实、可信的理论根基，否则再精辟的思想、再热门的口号都难以在员工们心中存活。

“把今天的工作做好”，这个看似平淡无奇的题目，却蕴含着现代企业管理的精髓。无论现代企业管理的理论如何进化，如何深入，总离不开这样一条主线：员工的工作态度和工作能力永远是保证工作效率以及促进员工素质提升的关键因素。在我们看来，员工的主观因素对企业发展起着决定性作用，这也是我们不断重申员工认清职责和端正态度对工作效率和企业发展的具有重要作用的原因所在。

员工是企业的细胞，而只有企业管理者把握住每只“细胞”在每一天的状态和活力，才能维持企业这个机体的正常运行和发展。相对于每位员工来讲，做好每一天的工作，过好高质量的每一天，不仅是对企业的贡献，更是对自己负责的体现。

除此之外，我们还看重员工对工作的主动性和创新意识。由此展开了“做完工作”不同于“做好工作”的观点论述。严格的管理条例和工作制度能在一定程度上，起到保证企业正常运行的作用，但是却不能帮助企业开发出员工的巨大潜力和智慧资源。对于企业来说，员工的潜力和智慧才是源源不断的动力和能源，才是最可宝贵的财富。对于员工来说，主动性和创新意识是最强的竞争能力，是证明自己价值的最有力证据。

员工的素质培养和性格塑造也是我们论述的重点内容。每位员工的生活与工作息息相关，员工每一天的情绪变化和工作状态无不透视出其素质水平和性格特征。反过来则是一样的道理，一名高素质、性格稳定的员工才能够在每一天的工作中做出稳定高效的工作成果。我们可以把工作看成是一个动态发展的过程，员工每一天的工作都是这个动态过程中不可缺失的环节，由此可见，整个过程进行地是否顺利，能否收到很好的成效取决于各个环节的工作质量。这就需要工作的执行者——员工，具有稳定的工作状态和良好的性格习惯。

“千里之行，始于足下”，对于工作来讲，则是“胜在今天，赢在当下”。每位员工的职业道路通向成功还是平庸不由天定，全凭员工在今天，向哪个方向迈开自己的脚步！

目 录
Contents

第一章 工作经不起拖延：克服拖延行为，今日工作今日毕

把握今日等于拥有两倍的明日。不把今天的工作做好，就不可能拥有辉煌的明天。工作是我们一生的事业，需要我们拼尽全力去做好。如果习惯性的一味拖延，不但是对于工作的不负责，更是对于自己的不负责。所以，我们要想成为一名优秀员工，就要把每一天的工作都做好、做到位，尽自己最大的能力去提高工作效率，杜绝拖延现象。

第二章 工作必须要做好：每天做好工作，每天收获成功

我们通常用工作效率来衡量一个人的工作，效率有两项指标——数量和质量。完成当天的工作任务是每位员工的基本职责，然而，真正促进员工进步的，却是在保证工作量的前提下不断提升自己的工作质量。每天都要做完工作是我们的责任，每天都把工作做好才是我们取得事业成功的关键因素。

第三章 工作容不下借口：不要因借口将工作留到明天

不管何时何地，借口只是自己找来敷衍、掩盖自己犯错的挡箭牌。想要做一个成功的职场人，就要认真负责地对待工作，犯了错误不找借口，而是勇于承担自己的错误，并努力找到解决方法来弥补自己的过失，因为工作是容不下借口的。

第四章 工作离不开忠诚：忠诚的员工每天在工作中都力求完美

每一份工作都必须以认真的态度去完成，这样你才能够在职场中不断进步和提高。如果你想创造更高的价值，就要懂得，只有忠诚于自己的工作，工作才会回报给你丰厚的成果，忠诚的员工会赢得更多的信赖，更容易取得事业上的成就。

第五章 工作需要敬业心:敬业的人会尽早拿到迈向优秀行列的“绿卡”

工作是我们维持生存的条件,敬业地工作能让我们的生活更具品质,同时也是促进个人能力提升和成长的途径。只有敬业才能让我们在激烈的职场竞争中脱颖而出,敬业是优秀职业人的通行证,敬业是迈向事业成功的台阶。如果你是一个敬业的人,那下一张优秀行列的“绿卡”将是你的!

第六章 工作就是要耐心:耐心带来能量,能量带来精彩

耐心是优质素养的体现,耐心是一种责任心,耐心更是一种无限的能量。耐心将伴随着我们走过一个个坎坷,伴随着我们从平庸走向不平凡。工作不但为我们获得了钞票,更多地是我们个人能力的提升。耐心工作是我们走向精彩的能量,使我们走向辉煌。

第七章 工作决不能懈怠:永葆工作干劲,每天都是“凯旋日”

工作对有的人来说是平淡无奇的经历,每天固定时间的上班、下班是一种习惯,也是一种消磨和打发日子的方式。然而有些人则把工作当成是帮助自己成长和完善的过程,他们能在工作的每一天中都有所收获。这两种人对

待工作的态度也截然不同，前者工作懈怠消极，后者则充满了工作干劲。说到底，只有充满工作干劲，消除懈怠情绪，才能让我们的每一天都充满希望和收获。

第八章 工作肯定要乐业：每天快乐工作，职场便是天堂

“乐在工作”是多么浅显易懂的四个字，但是能够真切地领悟这句话，并且由衷地享受工作却不是一件容易的事。工作是人生中不可或缺的一部分，因此让工作变得快乐渐渐变成每个员工的责任。只有树立正确的工作态度，投入地工作，并且在工作中获得快乐，才能在职场中打下良好的根基，稳扎稳打地进行下去，收获成功的事业和快乐的生活。

第九章 工作缺不了激情：点燃工作的激情，每天都不虚度

没有热情的人，就像干枯的河流，于人无功，于己无用。从某个程度讲，在职场上，热情高于智慧，追求胜于能力，对工作充满热爱的人更容易收获成绩。成功人士有很多的理由解释他们的成功，但是所有原因中最重要的一定是热情。只有依靠对事业持久追求的热情，才能让每一天的生活所向披靡，战无不胜，而这热情终将成为你优于常人的独特品质。

第十章 工作关键在能力:一流的工作能力创造一流的工作成绩

工作是简单的,也是复杂的。说它简单是因为,再难的工作也只需要高效执行就可圆满完成;说它复杂是因为,每项工作都有无数个细节。有能力的人可以把工作做到完美,有能力的人才能承担起这份责任。一流的工作能力创造出一流的工作成绩,工作的关键在于能力。

第十一章 工作贵在创新力:不墨守成规才会创出新业绩

如果你在工作中,不懂创新,也不会创新,只是一味地去模仿别人,那你可能永远都不会有进步,更不会有提升。员工的工作一开始会因为没有经验而去模仿别人,但是这个模仿一定是有创造性的模仿,在模仿中不断地创新,不墨守成规,才会创造出属于自己的财富和价值。

第十二章 工作好在执行力:每天执行到位,方能每天落实到位

行动永远胜过完美的计划。任何企业中都不缺乏有能力、有头脑的人,缺乏的是有责任心,有执行力的人。纵使你有满腹才华,但是无法有效执行工作,同样会被企业抛弃。没有执行力的员工,就像是不会生长的塑料花,终究不过是个摆设。做一个有执行力的员工,就要有强烈的责任意识,行动意识,在接受工作任务之后,勇于做第一个迈出脚步的人。

第十三章 工作强在沟通力:卓越的沟通能力让你每天都做到最好

随着经济的快速发展,企业逐渐向集团化、规模化发展,企业中的每一个工作项目都不可能依靠一名员工来独立完成,必须依靠员工们团结协作,通过集体的力量才能顺利达成工作目标。在这个过程中,卓越的沟通能力成了员工必不可少的一项技能。因此,现阶段的员工,只有通过努力不断提升自己的沟通能力,才能做出高效、精良的工作成果。

第十四章 工作赢在学习力:超强的学习力让你登上更闪耀的舞台

在一个学习型的企业,员工们重视学习,并在工作中不断地学习、思考总结。这不仅能够提升员工个人的工作能力和素质,还可以提高员工自我的积极性、创造性和企业归属感。这就为企业的发展培养了后备力量,这样的企业一定是成功的。

附 录

第一章

工作经不起拖延:克服拖延行为,今日工作今日毕

把握今日等于拥有两倍的明日。不把今天的工作做好,就不可能拥有辉煌的明天。工作是我们一生的事业,需要我们拼尽全力去做好。如果习惯性的一味拖延,不但是对于工作的不负责,更是对于自己的不负责。所以,我们要想成为一名优秀员工,就要把每一天的工作都做好、做到位,尽自己最大的能力去提高工作效率,杜绝拖延现象。

1

每天做好工作是对企业最好的回报

每个进入职场的工作人员在应聘工作的时候，都说过类似这样的一句话："我会尽最大的努力为公司服务。"只是一名员工要怎么做才能回报公司呢？其实服务公司、回报公司是一个非常抽象的问题，倘若将这句话落到实处的话，最基本的行动就是做好每天的工作，按时完成工作任务。

职场中的你，不管从事的是什么工作，在哪个岗位，只有把工作做好了，才是对企业最好的回报。因为每个企业都是一个有组织的机构，而员工是构成这个企业的要素。只有每个员工每天做好工作，才能保障企业的正常运转。

在职场中，工作大致分为两种，一是思考型工作，这类工作需要工作者集中精力一气呵成的完成。还有一种是事务型工作，这样的工作不需要集中精力思考，只要按照一定的流程，就能够很好完成。不管你从事的是哪一类工作，工作时都需要有足够的细心和耐心。

员工们想要每天按时完成工作，除了用心动脑以外，还要选择正确的方法，把自己工作中的每个细节都做好，遇到困难和问题及时解决。特殊的问题自己无法处理的话，可以跟领导沟通，让领导帮助解决。特别是那些客服工作者，要用心去服务每位客户，真诚的工作，这是员工回报企业最好的方法。

如果作为企业的管理者，如果你想要自己的员工很好地服务于公司，不仅需要对员工进行科学的、人性化的管理，还要从生活中去关心下属，让每一位员工快乐而高质量地完成领导安排的任务，这就是一个企业管

理者对企业最好的回报。

铁路质检员刘发根用踏踏实实的工作态度做好了每天的工作，并且通过他出色的职业技能获得了全国劳模的称号，争取到免费上大学的机会。在接受记者采访时问道，“你能收获这样出色的成绩，有什么秘诀吗?”刘发根说:“我没有什么秘诀，就是把每天的工作做好，不要辜负乘客对我的信任。”

刘发根所在的南昌车辆段一直以来都非常重视对人才的培养，在营造尊重人才、尊重知识的氛围的同时，建立健全激励机制，增加技术人员展现自我的机会，让像刘发根这样的一线技术人员得到更全面的培养和锻炼，甚至在全国脱颖而出。

刘发根在学习技术方面比其他人要刻苦的多，不仅在工作的四年间，相继排除了70多件的车辆故障，确保了列车运行安全和旅客的安全，而且在参加技能大赛时，熟记了7000多道业务题，最后在全国铁路行业技能大赛中，他凭借过人的技术能力获得了全国第一名的优异成绩，同时打破了保持多年的竞赛记录。刘发根先后荣获全国五一劳动奖章、全国技术能手等多项荣誉称号，给企业带来荣誉的同时，也为自己赢得进一步深造的机会。

很多职场中的人，都想回报企业的培养，却总是空有理想不去行动。也有不少员工习惯把事情不断的往后推，直到最后的期限，然后又加班加点，紧锣密鼓地赶工作，这种情况下完成的工作，会有多优秀呢？工作不能像植树一样，可以等天气暖和，甚至是夏天来了，气温真正地热起来才把它种下，虽然小树错过了在春天里生根发芽，但是一定会成活。而工作一定是按计划完成当天的工作量，才能将工作顺利进行下去。

“取道于‘等一等’之路，走进去的只能是‘永不’之室。”这是塞万提斯所讲的一句至理名言。他告诉我们，做任何事都容不得等待和拖延，我们应该养成今天的工作今天完成的习惯，日积月累，才会走向成功。作为职工，每天按时地完成工作，不仅深得同事领导的喜欢，也是实现自己职场目标的基础。只有企业中每个职工从点滴做起，才是对企业最好的回报。

2

每日工作绝不“打折”

人的一生都在不断的工作,没有谁的生活能够离开工作。如果把人生比喻成一场马拉松比赛,那么,工作就是为我们的生活提供经济保障和精神支撑的动力能源,想要比赛成功,就必须要有充足而持久的动力。否则,比赛不成功,人生无完美。

我们都明白,工作有时候是很枯燥乏味的,工作久了你会发现,有些事情,是一直在不断重复的。这个时候就要工作者调整好心态,快乐地投入到工作中去,按时完成工作,不偷懒,不打折。

为什么说工作的时候不能偷懒呢?为保证每一项工作顺利完成,我们是需要提前制定工作计划的。如果你偷懒,不按计划完成工作,在验收工作的时候,是可以一眼看出来的。作为一名成功的职场工作者,他的工作不仅要按时完成,还需要高效率、高质量地完成。每个企业的领导都会这样告诫下属:“工作你要么做好,要么就不要做。”这里的做好是什么概念?相信职场中的你一定深有体会。

有位资深的企业管理者做过这样的介绍,她说:“如果让一个日本员工每天擦七遍桌子,他一定会一丝不苟的每天擦七遍。但是如果你要求中国的员工每天擦七遍桌子,他一定会偷懒。也许他第一天会擦七遍,但是第二天可能就会变成六遍,第三天也许就会变成五遍,甚至更少。”这就是为什么很多国内的企业花巨资引进先进了设备,但是企业效益却止步不前的原因。

试想,一家企业,如果每个员工做工作都偷点小懒,这样的企业会有多大的发展空间?所谓质变达成量变。长此以往,企业自然不会有很好的进步发展。

在企业中,不乏出色的员工,出色的员工都有一个共性,那就是工作

认真、不偷懒。每个普通的员工，可以扪心自问下，在日常的工作中，是否真的做到工作不偷懒、不打折。

试问，有哪个企业，哪个老板喜欢一有机会就偷懒的员工？一个员工不认真工作，逮到机会就偷懒，又怎么能够按时、高效地完成工作。在职场中，一名普通的员工，想要成功是没有工具可以借助的，想要做好工作，实现自己的目标，就要付出辛勤的汗水，如果不努力，梦想永远都是幻想。

作为一名优秀的员工，对待每日的工作绝不“打折”这是最基本的条件。生活有这样一个现象：水快烧开的时候会发出蒸汽的鸣音。然而这个时候的水并没有开，只有等到鸣音消失以后，才会是水沸腾的声音。如果你偷懒，当鸣音响起的时候就把火关掉，那这壶水并未烧开。所以，工作的时候也是一样，容不得半点敷衍。必需按计划全部完成，不留下一点“尾巴”，更不能“打折”。

那么，怎么做才能够避免工作“打折”呢？

(1)设定计划和期限。

在工作的时候，想控制自己不“打折”就要事先做好工作计划。如果你不习惯做计划，那就给自己设定一个期限，在期限内轻松地完成工作。这样就不会让工作效率“打折”了。比如，早上来上班的时间就给自己规定下班一个小时前把工作完成，那么你一天的工作就会显得有程序，潜意识里你会合理地规划时间，来完成每项工作。

(2)快乐工作，不让情绪影响工作。

知名企管培训师林伟贤先生曾说“工作就是愉悦地带薪学习。”可见工作的时候，工作者的情绪非常重要。如果心情不好，是很难做好工作的。所以想要满分地完成工作，不仅要认真，还要快乐的工作。只有快乐的时候，才能够很好地把自己的智慧、能力水平发挥到最佳状态。这样你的工作成果就不会被打折扣了。

(3)工作无大小，尽力做好工作中的每个细节。

在工作中，大多数人的工作都是很平淡无奇的，但是不管你的工作多平凡，只要努力尽责，就能够在平凡的岗位上做出不平凡的成就。自己要意识到，每项工作都是由无数细小而繁琐的工作细节组成，只有做好这些看似不起眼的小细节，才能使自己的总体工作质量得到提升。

无论我们从事何种职业，成功都是源自平凡工作的累积，能够在平凡中逐步成长的员工才是企业所需的人才。同时,我们还应该意识到,想要出色地完成工作,需要我们在平凡的岗位上,抱持认真细致的工作态度,不打任何折扣地完成每项工作任务。也只有这样,我们才会在竞争激烈的职场,在平淡无奇的岗位上绽放出夺目的光彩。

3

拖延让工作压力无限放大

心理学家威廉·詹姆士说:"要改变人的一生,第一,立即行动。第二,满腔热情的去做。第三,没有例外。"这句话提示我们:在工作的时候,要有个端正的态度,要成为一个做事不拖延的行动派,当下的事情,当下解决。否则,工作只会越积越多,工作压力也会随之上升。

生活中很多人都有拖延的习惯,在职场中,更是有很多职场工作者在面临工作时,习惯拖延。喜欢在工作中拖延的人们,在真正着手工作之前,总是喜欢先浏览网页,看八卦娱乐新闻,做些与工作无关的事情,等到领导检查的最后关头,再去争分夺秒地赶工作。这样拖延,时间久了会成为习惯,给自己的工作带来很多不利的影响。

有人说,拖延是职场中最具破坏性、最顽固的坏习惯,它犹如罂粟般会让你上瘾,无法摆脱,久而久之,它会消磨掉你的斗志和追求。如果你觉得不以为然,那么你可以回想下,当你拖延到最后关头,手忙脚乱地赶工作的时候,是不是有种无形的压力催促着你?其实,这些压力是完全可以避免的。

职场中的你,一定要做到"把握当下,立即执行",要深刻地意识到拖延给工作带来的危害。这样才能够有效地避免因拖延恶习给你的工作带来的负面影响。我们要如何避免拖延呢?

(1)找到自己拖延的原因，并去解决它。

想要远离拖延症，不让自己的工作压力无限放大，就一定要找到自己在工作的时候，习惯在哪些地方拖延，并努力地去解决。当然，在拖延成为习惯以后，想要解决并不是一朝一夕就能做到的，这个时候，你就要有足够的耐心。

(2)设置完成期限，将工作分几段来做。

这点说起来简单，做起来并不容易。因为拖延一旦养成习惯是很难克服的。刚开始的时候，你在单位时间内完成的工作任务，最好不要太紧凑，每个时间段之间留出一段空闲的时间，只要能在自己设定的期限内完成就算是成功的。接下来，再慢慢减少空闲时间，压缩工作完成的期限。

(3)工作从简单入手。

许多时候，我们的工作拖延是因为工作遇到瓶颈。在治疗拖延症期间，为了避免工作难题带来的阻碍，你可以先从简单的工作入手。等到自己找到的合适的工作的状态，再开始解决比较有难度的工作问题。

(4)让别人监督。

如果你自己的控制力很差，可以让家人或朋友来监督你。在别人的提醒和督促下，对于克服拖延症是有很大的帮助的。

如果你想知道自己是否有这样的习惯，那你可以回想下，你是不是和公司里的一些同事一样。每天下午快要下班的时候，总是手忙脚乱的赶工作，会不会在任务上交之前，因为工作没有完成，或者因为时间太过仓促，自己都觉得粗糙，想到这些你就不自觉地在领导面前有些许恐慌。这样的表现，其实无形中就把自己的工作压力放大了，想要避免这种状态，就要克服拖延的习惯，每天按时或者提前完成工作。

一名叫富兰克林·费尔德的英国富豪曾说过这样一句精辟的话："成功与失败的分水岭可以用这么五个字表达——我没有时间。"时间很短暂，稍纵即逝，有时候并不是它太过于无情，而是有太多人忽视它，如果你总是觉得自己每天工作时间不够，下班后自己支配的时间也比较少，那你就要思考下自己有没有认真对待时间。倘若员工在工作时不能有效地利用时间，压力自然也会放大。因此每位员工都要克服自己在工作上的恶习，不要养成拖延的习惯。

作为员工，不管你做什么工作，都要踏实的从点滴做起。如果你想在职场中取得成就,或者说你想成为一名职场达人,那么最基础的就是要成为一名合格的员工,及时完成领导安排的工作,千万不要有"等会就开始干活,看完这个新闻再工作"等等的各种拖延借口和习惯。要知道优秀的员工,都是那些事事做到尽善尽美,脚踏实地去工作的人。

4

让"不拖延"成为一种习惯

人们都知道时间是可贵的,从小老师就告诉我们"一寸光阴一寸金,寸金难买寸光阴。"可是很多人却不知道如何抓住时间,总是眼睁睁地看着时间溜走。很多身在职场中的员工们都有这样的情况:自己预定的午饭送到办公室的时候,才发现一上午已经过去了,可是手里的活好像都还没做多少。为什么会出现这样的情况呢?这都是拖延惹的祸。

每个工作日的早晨,当我们走进自己的办公室或生产现场,是如何展开自己的工作的呢?有些人可能会提前为自己一天的工作制定详细的计划,然后按部就班地照计划执行。也有些人可能会先打开电脑,登录QQ、刷微博、看娱乐新闻或者慢悠悠地吃着早点。做完这些与工作无关的事情,再去工作。吃早点或者浏览电脑网页等肯定不是与工作有关的事情,但正是这些无关工作的事情却占用了我们大量的时间,因此导致我们的工作拖延。

立足职场,应该养成"不拖延"的习惯,这是实现职场目标、自我增值、有效提高工作效率的关键。如果总是无法按时完成今天的工作,把今天的工作拖到明天,明天的工作拖到后天。这样不仅会形成把工作拖到最后再完成的习惯,还会影响工作效率,加大工作压力,严重的会因为患上拖延症,影响个人的职业发展。

其实拖延在日常生活中，未必会误了大事，但是拖延一旦形成习惯，你就要费很大的力气和拖延战斗了。如何改变员工在工作中拖延的现象，企业管理学者们对此做了很深入的研究，但是专家认为，即便消除拖延习惯的方法有千千万，如果你不能坚持、没有恒心，是无法轻而易举地克服的。

肖克在一家网络公司的市场销售部工作，他手下有个新入职的员工叫李航。提起李航，肖克非常无奈，原来，李航做事情非常拖拉，部门的工作经常会因为他而受到影响。李航并不是名牌大学毕业，之前也没有从事过网络这方面的工作，但是李航性格外向，在学习期间参加过很多活动。李航良好的社交能力给肖克留下了深刻的印象，肖克决定录用他。但是李航入职没多久，就让肖克大跌眼镜了，因为这个被肖克精挑细选除了的“人才”，办事非常不利落。

由于市场部销售的工作离不开电脑操作，所以员工们有上网的便利条件。李航一上班在电脑面前就非常忙碌，可是一天下来当肖克问李航都做了些什么，李航却答不上来。肖克说：“我们部门的员工需要自己联系客户，所以工作自由度较大，只需按计划完成销售任务，定期组织客户活动，做好客户维护和回访工作就行了。可是你来公司快一个月了，联系的客户不到三个。”

肖克认为，李航是他决定聘用的，所以他有责任帮助他提高工作效率，克服拖延工作的习惯。肖克时不时地会提醒他把握时间，提升效率，但是李航依旧我行我素，旧习不改，每天一进公司就是先登QQ，然后浏览新闻网站。

李航的试用期马上就到了，肖克找李航谈到这个问题，直率的李航也不隐瞒自己的缺点，他说，如果他不忙完那些乱七八糟的事情，就没法专心工作，这是他一直以来的习惯。于是肖克要求李航，以后每天把完成的工作发到肖克的邮箱里，以便检查，尽管如此李航的情况仍然没有多少改观。肖克认为，像李航这样的员工，他是不会留在身边的，试用期一到肯定就会劝退。

其实，李航的现象并不是孤立的。在日常工作中很多人不能有效利用时间,拖延已经成为一种通病。那究竟是什么原因让拖延滋生起来的呢?这些都成为引发拖延症的原因,很多职场人也认为这是拖延症的罪魁祸首之一。让“不拖延”成为一种习惯,要从以下几个方面着手:

(1)建立自信,按时完成工作。

作为在职人员,每天都应该明确自己的工作内容,制定清晰的工作目标。早晨进入办公室的时候,要做好心理暗示。告诉自己工作很简单,我有信心做好。开始工作的时候,要确立信心、规划好一天的工作时间。不要让拖延影响工作效率。我们建议可以设定计划,然后步步为营,这样可以很好地克服拖延症。

(2)明确目标,增强工作能力。

很多职场人士觉得自己的工作内容是简单重复的,没有新鲜感、没有挑战性,还不能由自己去控制,只能硬着头皮做下去。对工作缺乏热情会很容易养成拖延的习惯。其实,工作内容是我们无法选择的,但是你可以掌控自己的情绪,调动工作热情。如果在你想拖延的时候,把工作当做是人生的体验,甚至当做是完善自我的必要方式,就可以把拖延习惯拒之门外。因此根据自己的实际情况,制定工作目标,并按步骤完成工作,这样就能够很好改善自己的工作习惯,提高工作能力了。

(3)改善性格缺陷,克服拖延恶习。

在工作中习惯拖延的人都有一个共性,就是自我控制力差。如果你是一个做事随性,又优柔寡断的人,那你一定会被拖延症盯上。我们建议,你可以让周围的朋友或同事监督你,帮助你共同远离拖延症。更要正视自己的缺点,学会如果安排学习和工作,以便养成“不拖延”的习惯。

克服拖延恶习不是一朝一夕的事情,养成“不拖延”的习惯同样需要我们坚持不懈地努力,从日常做起,才能够突破自我,让自己在职场上实现自我价值。每个懂得珍惜时间的人,都会谨记当日的工作内容和计划,绝不会把今日的工作留给明天。这是作为称职员工的基本要求,也是员工在工作中提升自己的基本要求。如果想在职场中取得一些成就,想在激烈的职场中赢得一席之地,这点是亘古不变的道理。一个没有拖延习惯的员工,一定是离事业成功最近的。

5

认清自我:员工就是企业的“主人翁”

在企业中工作的员工,不仅要做好本职工作,而且还要深知自己在企业中的角色。只有这样才能够把工作做好,才能更好地为企业服务。员工们要摆正自己的位置,要意识到自己是谁,是做什么的,应该怎么做。遇到问题和困难,要努力地克服,不退缩,不逃避。这样才能够实现自我和企业的价值,也是企业主人翁的精神内涵。

企业的兴衰对每位员工的影响是显而易见,效益好的企业有能力为员工提供良好的福利和薪酬,为我们的生活提供保障,不仅如此,企业还是我们实现人生价值的舞台。因此,员工担负着振兴企业,促进企业发展的主要责任,从这个角度来说,员工就是企业的“主人翁”。员工的主人翁精神与企业的凝聚力及竞争力息息相关,如果员工时刻与自己的企业利益相连、命运相系,并用这样的心态做好每一天,做完每一件工作,完成每一个任务,企业才会有健康、稳定的发展。

“做企业的主人,以企业的兴衰成败为己任。”这句话是《华尔街日报》的记者在采访通用电气前 CEO 杰克 · 韦尔奇,问他通用电气快速发展的原因时,杰克 · 韦尔奇的回答。这句话是值得每个身在职场的人去思考和借鉴的名言,杰克 · 韦尔奇之所以成功,就是因为他以“主人翁”的心态去工作,做到了以企业的兴衰成败为己任,从而充分发挥出了自己的能力为企业创造财富,同时也为自己奠定了坚实的事业基础。

以企业的兴衰成败为己任,不仅是杰克 · 韦尔奇这种管理者的成功秘诀,也是员工提升自我,开创自己事业的有力武器。首先,员工要认清自我存在的目的是为了在岗位中,更好地工作。其次,员工要把自己当做是企业的“主人翁”,立足企业,以老板的心态去工作。这样才能全身心地融入工作,也才会在工作中完善自己,提升自己。

认清自我，把自己当成企业的“主人翁”，需要具备以下几种心态：

(1)心态乐观积极、健康向上。做个快乐的人，并且把快乐传染给别人。

(2)怀有一颗感恩的心，感谢同事的帮助，知道成功不是个人努力的结果，大家齐心协力才会成功。感恩公司，要意识到自己的成长与公司密不可分，是公司为我提供了成长的机会和舞台。

(3)有舍有得，要有懂得放弃的心态。在利益面前，把公司的利益放在首位，不计较个人的得失与成败，全心全意为公司服务。

在企业中，只要心中怀有这些精神，你就是一个具备“主人翁”精神的员工，这种精神会在自己的日常工作中体现出来。只有把自己当做是企业的主人，清楚意识到个人与企业之间是血肉相连、荣辱与共的一体，这样才能够更好地做好每份工作。

中国平煤神马集团机械制造公司退休职工陈卫欣的“三抠”在单位是出了名的，退休前他每年为单位节约材料费上万元，被同事们誉为“三抠管家”；退休后他继续发挥余热，打扫卫生、修剪花木、浇水、拔草……被人称为不知疲倦的社区园丁；社区居民称赞他是“义务按摩师”。

陈卫欣是一名退休的仓库保管员，他在工作中的称号是“抠门管家”，因为他对工作特别认真负责，他的同事都戏称他，“对仓库存有的产品一清二楚，好像看管自家宝贝似的。”只要是经他验收的产品，不符合规格绝对拒绝入库。有好几次需要验收不同类型的钢铁，陈卫欣为了做到验收准确，竟然拿尺一个一个地测量，做到百分之百的合格才验收签字。另外，在他经管的下料一块，也是能省则省，绝不含糊。他要求负责装配的员工，能用短料的，绝对不用长料，边角料还能用的，就尽量不用成型的料。工友们常常笑他太抠门，他则笑说，“既然我管的是自己家东西，当然要抠门了。”其实，陈卫欣不仅在管理材料方面抠门，在人情方面也很“抠门”。每次发放材料，都是严格按照单据执行，绝对不徇私情。正是由于陈卫欣把仓库当作自己的家，把仓库中的材料当作是自己的东西，所以他才尽心尽力地做到最好，也因此每年为单位节约上万元的材料费。

看完这个例子，我想你已经知道身为企业的员工，争做企业的主人，怀有一颗主人翁的心情去工作有多重要了。个人利益是和企业利益是一致的，员工靠企业来生存，企业靠员工来发展。企业的发展就像一个天平，天平的两端，一边是企业，一边是员工，想要企业平稳的发展，企业和员工都必须要和谐共进。

员工做企业的"主人翁"，不是口头上说说就行了。应该在工作中，把这个"主人翁"精神落实到实处，体现在行动上。时刻维护公司的荣誉，时刻把公司的利益放在第一位。只有员工诚心热情地为公司付出，员工才会获得丰厚的福利和回报，企业才会壮大发展，这是只有身为企业"主人翁"的员工们，才能开创出来的双赢局面。

6 努力工作让自己走向卓越

在职场中，如果你想实现自己的职场目标，不仅需要认清自己的职责，按时工作，还需要通过努力地工作，让自己从优秀走向卓越。这样你才会离梦想更近，才能更早地实现自己的职业理想。工作不仅仅是我们维持自己生存的方法，更是体现自我价值的途径。

当我们离开校园，走进职场的时候，就踏上了为自己的梦想而奋斗的道路。然而这条道路通常是充满挫折和坎坷的，取得职场成功并非易事，只有努力工作才会让自己走向卓越，走向成功。一份工作，只要你努力付出，它不仅能够完善你的生活，给你带来稳定的物质生活，还能够让你积累许多人生经验，结交很多朋友，让你在职场中一点一点地蜕变，直至走向成功，实现梦想。

有人说梦想是丰满的，现实是骨感的。在现实面前，梦想总是遥不可及。在忙碌而重复的工作中，很多员工渐渐开始麻木，倦怠。初入职时的那份激情慢慢退却，斗志已不再。麻木的你会觉得梦想离自己越来越远，这个时候职场中的你千万不要放弃，要知道，成功就是多了份努力，多了点坚持。其实，成功很简单，就是在你坚持不住的时候，再努力坚持一下。

一个人的能力是有限的，想要成功，单靠个人的努力并不可能。只有全身心的付出努力，让自己融入到企业、社会中去，高效完成每一天的工作任务，勇于承担责任，努力地去帮助同事，赢得更多支持。在团队共同发展进步的过程中，才可以更好地体现自己的价值、实现自己的目标。

很多人都认为工作是痛苦而乏味的。工作只是自己生存的需要，是必须要履行的家庭和社会赋予自己的使命和责任，在人生短短的几十年里，工作占据了三分之一的时间，可见工作在人一生的生命历程中，所承担的角色有多重要。

在工作中，如果你想被公司器重，想通过工作获取更多的报酬。那就需要加倍的努力工作，认清自己的职责。而想要成为一名卓越的员工除了努力完成自己的本职之外，还要不断提高自己的专业水准，不断完善自己的职业素养，达到一种无可替代、独一无二的境界。这样的人，才有资格被称为卓越的员工。

李新民，1205钻井队的第十八任队长，带着王进喜留下的“铁人”品格，在异国他乡，实现了王进喜倒下时未完成的“把井打到国外去！”的梦想。

李新民带领的团队进入苏丹的领域开始钻井的时候，苏丹地表温度已经接近70摄氏度。

来到苏丹不久，李新民就开始嗓子发炎，满嘴起泡，和他同行的工友也是一样，不仅不适应当地的气候，钻井队的严酷环境也让人身心俱疲。在每日高温桑拿，汗水淋雨的环境下，李新民带领钻井队的六个人用了六天的时间打开中国在海外的第一口井。

当时，因为苏丹的雨季马上到来，如果不能在一个月之内完工，所有的设备和人力都会被大雨围困。很多人都想着趁早放弃的时候，李新民坚决地说，一定要打，并且要在一个月之内完成。他带了绝对不能给中国工人丢脸这一个信念，硬是在一个月内完成了工作任务，令当地的合伙人刮目相看。

在完成工作后，李新民想到了已故的队长铁人王进喜。当年老队长带领着1205队打出了不怕困难，不可超越的旗帜，在钻井的队伍里成为一面永远的旗帜。他终于不辱使命，没有让老队长的队伍留下遗憾。他心里暗想着："今天，老队长的梦想终于实现了。"

职场中，想要走向卓越，就需要自己努力工作。努力工作是一个动态性的词，它是一个过程，所谓努力工作，最简单的就是今天的工作今天努力完成，不累计，不偷懒。一个优秀而卓越的员工，最基本的条件就是能够做到"今日事今日毕"。

而努力工作的高度，就是要求自己按照"零缺陷"的目标去工作。这样往往能够发挥员工最大的潜能。因为成功靠的不仅仅是努力，而是在努力中不断的提升自己的判断力、思考力、创新力，这些最直接的目的就是提升自己的能力。

美国著名的理财投资专家约翰·坦普尔顿，经过大量的调查研究总结出："取得突出成就的人与取得中等成就的人几乎做了同样多的工作，前者仅仅是多做了一分努力，却取得了与后者有天壤之别的成就。"

这段话告诉我们一个简单的道理，那就是在工作中取得卓越的成就其实并不难，只要你在工作的过程中，付出努力就能够做到。当然这个努力，是需要你比平常人多努力一点点。但是这一点点的努力，也并不是每个人都能够做到的。

人们常说，成功就是百分之一的天才加百分之九十九的努力。这句话在职场中体现得更加明显。很多卓越的职场达人并不是有多少天赋，而是比平常人努力工作。如果你在工作中，每天都多一点努力，相信你一定能步入卓越者的至臻之境。

第二章
工作必须要做好：每天做好工作，每天收获成功

我们通常用工作效率来衡量一个人的工作，效率有两项指标——数量和质量。完成当天的工作任务是每位员工的基本职责，然而，真正促进员工进步的，却是在保证工作量的前提下不断提升自己的工作质量。每天都要做完工作是我们的责任，每天都把工作做好才是我们取得事业成功的关键因素。

1

好字当头:今天不但做完还要做好

已经步入职场中的你,是否还记得上学时,老师讲解“精益求精”这个成语的场景?相信很多人都忘却了,但是对于这个成语的意思,你一定知道。如果想要出色地完成一份工作,只是做到今日事今日毕,是远远不够的,还需要意识到做好工作的重要性。换而言之,对于每位员工来讲,不但要每天做完工作,还要将工作做好,做到精益求精。

其实对于很多人来说,我们的工作是简单而重复的,有的工作不仅重复而且繁杂琐碎。但是简单的工作,是否就一定能好做呢?有些年轻的职场工作者,觉得那些重复的工作枯燥、乏味,没有挑战性,时间长了就会对自己的工作失去热情,甚至对工作产生厌恶的情绪。这样的人们,在工作的时候总是应付了事,草草完成任务就觉得万事大吉了。但是,很多真正的成功者正是从简单的工作开始做起的。他们之所以成功,是因为他们能坚持把每天简单、枯燥的工作做好。

孟子说:“天将降大任于斯人也,必先苦其心志,劳其筋骨,饿其体肤,空乏其身……”可见,从古至今,成功绝不是轻而易举的事情,一定需要付出比常人更多的努力才能得到。特别是在职场中,如果你想成功,唯一的机会就是比别人更努力。努力地做好今天的工作,并按时完成每个任务。这样日积月累下来,无论你在什么岗位,都会在工作中脱颖而出,想要成为一名优秀的职工便指日可待。

有一个这样的小故事,说是有一个主人,赶了两匹拉货的马进城。两匹马一前一后地走着,前面的那匹马很努力的拉货,一心往

前走,也不管路边的青草有多美味。后面的那匹马呢,它一会东张西望,一会低头吃草,很不专心。主人见状,就把后面那辆车上的东西挪了很多给前面的那匹马。后面那匹马轻快地跑到前面那匹马身边,开心地说:“你真是个笨蛋,你看你那么辛苦的拉货,主人一点都不体谅你。你越是努力,主人就越是欺负你。你看我,现在多轻松啊。”前面那匹马,没有理它,自顾自地往前走。

终于到了城里,主人把带来的货很快就卖完了,他们在一家马店门里歇着。主人看着那两匹马说:“我的货卖完了,以后就不需要马来拉货了。这样的话我就不需要养两只马了,留一匹好马出门拉车就行了。既然如此,我只好把那只偷懒的马卖了。”

从这个简单的故事里,你是否看到把一件简单的事情做好是很重要的。一份工作,不仅要做完还要做好。就像那匹偷懒的马,它没有听主人的话,努力把货拉到城里,只是一味偷懒、不专心、不尽心努力工作。最终逃脱不了被主人抛弃的命运。如果在企业里,今天的工作你不完成,或者不好好完成,工作时三心二意、马马虎虎,那你早晚会被企业抛弃。

一个职场达人,他做到的不仅仅是完成工作,而是满怀热情地做好工作。只有你热爱工作,做到今天的工作今天做完做好,才能在每天的努力下,逐步提高自己工作的效率和能力。才能够给企业带来利益,只有这样,你才能够被领导赏识,被企业重用,才能够体现自己的人生价值,更快地走向成功,实现梦想。

2

看似“差不多”往往“差很多”

在工作中,你一定会遇到很多困难。这个时候,你是全力以赴地解决困难,还是完成个差不多就行?其实,工作上看似“差不多”往往“差很多”。在竞争激烈的职场中,如果你想成功,那就要以高度负责的精神去完成每天的工作。做到不敷衍工作,不做差不多的工作。

不管在职场中你做的是什么工作,你都要认真地做好工作。因为认真工作最大的受益者是你自己。如果你工作懒散,即使勉强完成了工作任务,也很难在工作中取得收获,我们说这样的工作是低效率的,对我们的职业生涯没有任何帮助的。相反,如果我们在工作中一丝不苟,把工作当成提升和锻炼自己的机会,那么工作于我们就有了特殊的意义。所以,用差不多的态度去完成工作,将会使我们的工作成效乃至整个职业生涯与别人相差很多。

说起谢怀德,上到公司领导,下到普通员工,不论资历深浅,年龄大小,大家都亲切地称他为“二哥”。他既是厂里的技术骨干,又顶着诸多模范的光环,可是有很多人不知道,他能有现在的成绩,也是一点点认真工作熬出的结果。

当年谢怀德刚进厂的时候,一度也是老师傅口中的“笨徒弟”。技术不过关,而且学东西还慢,跟着厂里的两位师傅学习,笨手笨脚地经常犯错误,被师傅批评不说,还被同事们笑话。生性内敛的谢怀德暗暗发誓,一定要在技术上超过师傅,还要超过那些嘲笑他的人。

于是谢怀德开始每天提前上班,提前下班,不管严寒酷暑,一直坚持到把基本功练出样子了。可是,后来他也没有懈怠,每天都在轰隆隆的车间操练着。三个月后,他从厂里最差的技术员变成了产量最高、且错误率最低的技术员,不仅超越了两位师傅,更是把讥笑他的同事远远地抛在了后面。

凭借一如既往的认真负责的态度,一年之后,谢怀德成为车削管螺纹的能人。一般的车工需要几分钟做完的工作,他只需要六秒钟就搞定了。凭借过人的技术能力,他在2008年被授予全国技术能手的称号。

在现实生活中,像谢怀德这样认真的员工并不是多数。很多员工经常抱怨自己的工作不好,抱怨工资低,却不在自己的身上找原因。他们也许没有意识到,自己不受公司的重视,是因为自己总是应付工作,认为自

己现在的工作只是维持生计而已。工作没动力，也不全身心地投入工作。这样的话，企业又怎么会给你升职加薪呢？要知道，在职场中，提升最快的往往是那些工作认真、踏实勤劳的人。

在一份工作中，如果你总是认为自己做的和别人差不多，以为那样就够了，不去努力，不去完善也是工作不认真的表现。比如，你拿今天的工作跟同事相比，你觉得你完成的差不多了，就不做了。这种“差不多”的心理往往是你职场失败的雷区。因为在职场中，不认真工作的员工，往往会被列入最差员工名单，只要你在这个名单上榜上有名，你就有被辞退的危险。

所以，在工作中心怀“差不多”的心理是要不得的，每个人都要努力避免自己会有这样的想法。避免“差不多”是完善自己工作责任心的表现，在企业里，每个人的工作能力和任务都不一样，即便是同一部门的人也是不一样的。如果你总是把自己的工作完成状况和同事相比，那就大错特错了。因为在领导心中，他对每个人都有一把衡量的尺子。所以，你一定要下定决心，消除“差不多”心理。

任何事情，做完并不难，难的是做好。在职场中，想要进步的员工，一定要严格要求自己，保障每天都按时、高质量地完成工作。这样才能让自己不断地得到提升，才有可能赢得别人的关注。工作上，精神饱满的工作，积极有效的行动，会让你成功获得完美的工作成果。出色地表现出自己，赢得赞赏，才会更有自信，从而提升自我工作的状态，让你拥有做好工作的激情。

深刻谨记：工作之事没有大小，工作质量只有更好、最好而没有差不多。只要做工作就得做好，这是员工对企业负责任的态度，更是对自己负责任的态度。

3

做一名要求“更好”的员工

人是依附于社会这个整体来存在的，所以在社会生活中，不管你处于哪个阶段，都是一个不断竞争、日渐发展进步的阶段。如果你想让自己生活得更好，就要严格要求自己把工作做到最好，这样才能够实现自己的目标，体现自己的价值。

在竞争激烈的职场中，严格的要求自己也是在职场生存的条件。因为市场的竞争，归根结底就是人才的竞争。人才是企业的核心力量，也是企业最宝贵的资源，企业员工的能力决定企业的竞争力。所以说，做一名要求“更好”的员工，不仅是员工个人的要求，也是企业的要求，更是企业进步、提高与否的关键。

在我国南方一个不出名的小镇里，有个名叫肖丽的小姑娘。她从小接受的教育就非常严格，她爸爸经常对她说：“无论做什么事都要力争一流，永远走在别人的前头，不能落后于人。不要因为自己还小，就给自己的懒惰找借口。”

这样的要求，对于孩子来说，也许太高了。但父亲的要求在以后的年代里被认为是最宝贵的。正因为父亲对肖丽的严格教育，才培养了肖丽积极向上的决心和信心。在她以后的学习、生活和工作中，她时刻牢记父亲的教导，总是抱着拼搏的精神和必胜的信念，尽自己最大的努力克服所有困难，做好每一件事情。

肖丽不仅在学业上非常的优秀，她在体育、音乐、演讲以及其他领域也一直走在前列。学生时代她是学生中的佼佼者之一，她的校长还给予她极高的评价，说：“她无疑是我们建校以来最优秀的学生，她总是雄心勃勃，每件事都力争做到最好。”

因为拥有这样优秀的信念和品质，多年以后，肖丽通过努力

考取了家乡当地最好的大学，毕业后进入当地的企业开始打拼，在经历了下岗、就业、创业等一系列生活波折之后，她现在是自己公司的董事长，手下带领着几千名的员工在奋斗着。

“永远要坐前排”是做事态度的极致要求，也是对人们做事能力的极致挑战。当然，我们要永远坚信没有做到最好，只有做到更好。员工在企业里要“更好”的要求自己。

做一名要求“更好”的员工，要做到哪些呢？

(1)做一名有忠诚责任的员工。

不管你在企业中处于什么岗位，做什么工作，都要认真地工作，一个有责任心的员工，才会被企业重视。但是想要做一名更好的员工，你不仅要以认真的态度工作，还要尽心尽责地工作，时刻维护企业的财产和利益，对企业保持一颗忠诚的心。

(2)主动工作，有错误不找借口。

做一名要求“更好”的员工，首先要做的就是工作要主动，如果一名员工只是一味地等待上司的安排，他是无法进步的，这也会给部门组织的进步带来阻碍。员工要主动工作，做到日事日毕，日清日结。其次，员工不仅需要有一个积极的状态完成工作，还要做到为人处世谦卑，在工作上犯了错误，要积极主动地承认和改正。这样自己的工作能力会逐步的提升。

(3)努力学习，让自己成为团队的一员。

“活到老学到老”我想很多人都知道。在职场中，想要进步也需要不断地学习。不管你在学校的成绩如何，步入职场你都要从头学起。在企业中学习的目的，不仅仅是提升自己的能力，还是在不断的学习与进步中，逐步地让自己有能力融入到企业这个团队中。要知道，企业的强大不是单靠个人力量决定的，一个好的企业，一定是个优秀的作战团队。

(4)要有自己的判断和创新。

在企业中，如果你要求自己做到更好，就要在工作的时候，有正确的判断和解决问题的创新能力。如果你能够及时地发现问题，提出合理的具有创新的建议解决问题，这就是自己能力的展现。可能一些职场新人，很难做到这点，不过只要在工作中善于总结和思考，你会很快做到的。

(5)怀有一颗感恩的心对待企业。

感恩是人性中最重要的美德，每个人都有一颗感恩的心。作为企业里的一名职工，面对企业里所有的人和事，也要怀有一颗感恩的心，企业为员工生存提供了一个很好的平台，在企业中，员工会不断地进步和发展。所以，员工不仅要认真工作，对企业忠心，还要有一颗热爱企业、感恩企业的心。

每个企业里都会有好员工和普通员工，那些好员工之所以成为企业器重的好员工，是因为他们严于律己，在工作中更严格地要求自己做到更好。作为一名员工，不管是在哪家企业工作，都要有一个这样的意识，那就是企业的发展和自己是有密切的关系的。这样你才能够设身处地的认真要求自己去做一名“更好”的员工。

“更好”的员工一定是个成功的员工，而成功的员工除了努力和能力以外，还要保持高度的责任心和忠诚度。这样的要求，才是更好的要求。成功所取决的不仅仅是能力，还有对自我高度的要求。只有严格地要求自己，才会不断地进步，才会成为更好的员工。

4

懒惰是做不好工作的“祸首”

很多企业的管理者都认为勤奋工作的员工是好员工。如果你想做一名好员工，就要每天都做好工作，达到每天都有收获的目标。好员工在任何一天的工作中都不会偷懒，只有每天兢兢业业地工作，才能够每天都有收获，在职场中，懒惰是做不好工作的“祸首”。

员工勤奋地把今天的工作都好，是对企业最好的回报。因为企业的正常运转是需要每个员工付出努力的，员工辛勤工作的态度，为自己在职场中的前进铺平道路。相反，如果员工懒惰，做事习惯拖延，经常把今天的工作推到明天或者是推到最后的期限才完成。不仅会阻碍自己职场的

发展，严重的还会危害整个企业前进的步伐。

既然在职场中懒惰是最影响工作的“祸首”，我们就来看下懒惰会给工作带来哪些危害。富兰克林说：“懒惰就像工具生锈一样，比操劳更能消耗我们的身体。”想来也是，一个机器，如果整天用他也许不会坏掉，但是如果放在那里让它生锈，它就会很快罢工。

吴晓鑫是一家公司的经理秘书，吴晓鑫做这个工作已经整整五年了。五年里，公司的经理换了三个，可是吴晓鑫始终是每位经理的得力助手。这样的情况在职场中并不多见。很多人以为吴晓鑫是个相貌出众的女子，其实并非如此，吴晓鑫是一个非常普通，个性温和的人，只是在工作上，吴晓鑫比较积极，工作的时候，热情高，积极性强，总是兢兢业业的。再加上对公司的业务比较熟悉，所以深得上司的赏识。

有很多人向吴晓鑫“取经”，问她是不是有什么“秘籍”。每当这个时候，她总是微笑着说：“我哪有什么秘籍啊，我只是比较努力一点而已，干秘书这个工作那么久，再熟悉的业务我也不怠慢，总是想尽力做到最好。你要是努力，你也可以的。”

做了好几年的秘书，如今，吴晓鑫凭借资深优秀的能力，被提升为公司策划部的经理。她靠她自己的努力，走进了公司的管理层。其实，只要勤奋努力，你的能力一定会被公司看到的，同样的，只要勤奋努力，总会成功的。

所谓职场如战场，如果你想在职场中，立于不败之地，就必须摒除懒惰的恶习；如果你想让现实和理想一样丰满，那就勤奋点，努力点吧。因为懒惰犹如一把锁，它会锁住知识的仓库，让你的智力和能力变得匮乏，使你在面对困难和阻碍的时候束手无策。

在这个世界上，所有的成功者都有一个共同的特点，那就是勤奋。成功之路，没有投机取巧的捷径。而懒惰，只会消耗你的青春，让你的成功遥不可及。要知道，勤奋是走向成功的基础，而懒惰是失败的罪魁祸首。

作为职场中的一名普通员工，更要相信，勤奋敬业是成功的催化剂。不管是拥有非凡的天赋，还是资质平凡，任谁想要成功，都要全身心的付出努力。如果有懒惰的习惯，成功暂且不说，你甚至连眼前的工作都做不好。

蛹不经历破茧的疼痛,怎么会换来一对美丽的翅膀?花不经历风雨的洗礼,又怎么会拥有一副娇美的容颜?收获,总是要经过辛勤的耕耘。成功的命运都是掌握在自己的手中的,想要拥有一个灿烂的前程,不勤奋,不努力是不可能的。懒惰的人们,想要不劳而获更是无稽之谈。

5 做好工作从互帮互助开始

任何一个工作项目的完成,任何一家企业的进步,仅凭一个人的力量是不行的。不管你所做的项目是自己调研、开发还是合作调研、开发,都需要团队共同协助,共同实践完成。一个企业的进步也是企业里每个员工共同努力的结果。如果工作中,大家彼此明争暗斗,每个人都只顾自己的利益,只顾自己埋头苦干,不帮助别人,也不告诉别人自己需要什么样的帮助。这样是无法完成一份工作的,更别提完成项目,提高公司效益了。

在一片广袤的森林里,狮子和熊是一对非常要好的朋友。他们约好了要一起出去打猎。没走几步路,狮子就发现山坡上有一只小鹿正在吃草,狮子见肉心喜,马上就要扑上去,结果被熊一把拉住,熊说,"鹿跑得那么快,你这样贸然过去,它肯定一溜烟儿跑了。我们应该找个合适的位置,前后夹击它才行。"狮子听从了熊的建议,于是两人开始分开行动。

鹿还在专心致志地吃着青草,听到身后的响动之后,转身一看,原来狮子正蹑手蹑脚地朝自己走来。小鹿吓得撒腿就跑,狮子顺势在后面追赶。可是鹿奔跑的速度实在太快,根本赶不上,眼看着小鹿要消失在丛林中,熊从旁边的树林处窜了出来,一巴

掌将小鹿打晕了。狮子看着收获在手的猎物，甚是欣喜。看着躺在地上的小鹿，熊说："我们把这个鹿分了吧，这鹿是我抓到的，我应该分大份。"狮子一听心里不高兴了："这鹿明明是我先看见的，应该我分大份才对。"两人久久不能统一意见，在草地上争吵起来，两人你一言我一语争个不休，谁也不让谁。被打昏的小鹿这时从昏迷中逐渐醒了过来，看见狮子和熊正打得不可开交，趁势赶紧溜走了。等到熊和狮子吵得筋疲力尽，回到原地找鹿的时候，小鹿早已消失得无影无踪了。

如果我们能在工作中时刻把自己融入到集体中，成为集体的一分子，时刻与同事保持良好的关系，互相协调、互相帮助，就会得到丰厚的回报，这样才能够在工作中找到快乐。企业里员工学会与别人协调的工作，最大的目标就是齐心协力提高企业的生产力，提高企业的效率。具有团队协作精神的集体更容易创造一个轻松愉快的工作环境，这样能够提高员工个人的工作能力，也能促使员工在与同事的交往中，因为合作而提高自我价值。

一名具备良好协调能力的员工，更容易做好工作，在与同事之间互相帮助的同时，达到共同进步的目标。老板会把协调能力出色的员工视为机器中的润滑剂，将之转换成促进企业顺利发展和运行的关键因素，有了润滑剂机器的周转速度才能够加快，才能够有效提高生产效率。

员工在帮助别人的同时，自己也会有进步。就像上学的时候，老师会安排成绩优异和成绩相对差一些的同学组成学习互助小组，优秀的学生帮助别人，教会别人这道题的同时，他自己也会加深这道题的印象，起到温故而知新的作用。员工在别人的帮助下，能够把一份非常有难度的工作顺利完成，这样不仅能够提高工作完成的效率，也会让你在工作中获得与同事和谐相助的快乐。

相反，如果你拒绝帮助同事，同事也很难主动帮助你，当你遇到困难的时候，只能自己困扰，陷入困境使工作效率直线下降。如果有同事在这个时候助你一臂之力，帮助你解决问题，走出困境，那你一定会感到温暖。有了这份温暖，你会更深刻的体会到职场的快乐。

一个不善于和别人协作的人，要如何做到与同事之间互帮互助的做好工作呢？

(1)时刻伸出援助之手。

当同事和工作伙伴需要帮助的时候,你总会及时出现并及时给予帮助,这样你就迈出了帮助同事的第一步。能够做到及时助人的员工,通常是心细而且热情的员工,这就需要我们在工作的过程中,学会了解和关心自己的同事,知道同事在何时需要什么样的帮助,这是我们及时出手援助同事的前提。

(2)热情又有礼貌地待人。

任何时候,对待同事都要有礼貌。在工作中时刻注意自己的行为举止,与同事相处时要做到彬彬有礼,这样的员工才更容易得到同事的认同。在与同事发生矛盾的时候,应该冷静处理,及时想办法化解矛盾。真诚赞扬比自己更优秀的同事。用自己优秀的品质赢得同事的信任和支持。

(3)懂得感恩。

要清楚地意识到并不是每一份付出都会有收获,不要时刻想着同事之间的帮助是为了赢得互利。对于同事的帮助要表示感激,当同事遇到困难,要尽最大的努力,毫无保留地帮助同事。

(4)做行动的巨人,言出必行。

任何情况下,都不要做口头上的巨人,行动的矮子。要坚持做行动的巨人,你怎么说就怎么做,同事遇到困难的时候,如果是力所能及地尽量给予帮助,如果帮不上忙,就不要事先夸下海口。

(5)有困难尽量亲自解决。

工作上遇到的困难,自己一定要想方设法去解决,而不是看到困难就想寻求帮助。要知道,在困难面前,你会发挥出自己潜在的创造力,能够凭借灵活多变的思维寻找到解决问题的方法。

⑹明确告诉同事你需要什么样的帮助。

如果你在工作上遇到自己根本无法解决的问题,想要完成这项任务,那只能求助同事。这个时候你要明确地告诉同事,你遇到怎样的问题,需要怎样的帮助。而不能因为不好意思而含糊其辞,表达不清。

做到以上几点,你就能够与同事之间互帮互助了。有些工作项目是一个人无法独立完成的,必须要由同事之间互相配合、互相帮助来完成。员工们只有在互帮互助的过程中协同作战,才能共同做好企业里的每一

件工作。

除了互帮互助以外，做好工作还要求员工在工作中保持良好的心态，用好的心情去工作，工作才会给你带来好的回报。不要总是以个人利益为中心，不考虑他人，不考虑企业。同事遇到困难时，要不求回报地帮助他，同事之间出现矛盾时，要学会换位思考，懂得将心比心。不管何时，都要做到对别人多一份谅解，少一份责备，只有这样，才能营造良好的工作氛围，每个人才能够在愉悦的环境下做好工作。

第三章

工作容不下借口：不要因借口将工作留到明天

不管何时何地，借口只是自己找来敷衍、掩盖自己犯错的挡箭牌。想要做一个成功的职场人，就要认真负责地对待工作，犯了错误不找借口，而是勇于承担自己的错误，并努力找到解决方法来弥补自己的过失，因为工作是容不下借口的。

1

别让借口“谋杀”了工作

工作中出现错误或者失败，是职场中再正常不过的事情。没有失败何来成功呢？但是出现错误或失败，我们不能找借口来推卸责任，更不能找借口逃避责任。如果不想让借口“谋杀”了工作，就必须要拒绝寻找借口的念头。

著名的美国西点军校200年来一直奉行“没有任何借口”这一行为准则。这个准则就是要求新学员在遇到学长或军官问话时，除了“报告长官，是！”、“报告长官，不是！”、“报告长官，没有任何借口！”、“报告长官，我不知道！”这四个标准答案以外，不能多说一个字。

如今，这个学校的准则，早已被利用到职场中。这个准则告诉每个人，要想尽方法去完成任务，而不是为没有完成任务而寻找借口，不管借口合不合理都不可以。这说明企业需要员工具有完美的执行能力、服从诚实的态度、负责敬业的精神。敬业、责任、服从、诚实 的精神是每个职场工作者必备的职业素养。

美国石油大王洛克菲勒说：“找借口是一种思想疾病，凡是感染上此病的重症患者都是失败者。而一个越是成功的人越不会为自己找借口。”的确，一名习惯找借口的员工，是不会积极主动地去完成工作的，借口会像一根无影绳随时会捆绑住自己的手脚。同时，找借口也是一种恶性循环，工作中找的借口越久越多，工作上的行动能力就会越小。习惯找借口的员工无论做什么事情都能够找到借口，甚至把借口当做是理所当然的事情。这样的员工，在企业里是无法长久生存的。

如果企业里一个员工做不好工作、完不成任务就找各种借口为自己开脱，躲避责任。时间久了就会养成不认真工作的习惯，在工作上不会全力以赴，稍有差错就找理由为自己辩解。这种习惯会成为“谋杀”员工工作动力的凶手，相信一个工作能力不佳的员工，企业的领导们不仅不会重用，严重的还会把你“请”出企业。

职场里的员工们都已经成熟到可以为自己的行为负责的阶段，不再是咿呀学语的幼年时间，犯了错误哭两下就会被大人们原谅。在职场中，员工在工作上犯错是无可避免的。这个时候，你要做的是坦然地接受自己犯错的事实，虚心接受上司的批评、教训，在大家共同的帮助下改正这个错误，让错误变成下段路途前进的动力，而不是寻找各种借口，为自己的错误开脱，这样只会毁损你的职场形象，绝不会给你带来任何好处，唯有勇于承认错误、改正错误，在错误中不断地提升自我，你才有可能在竞争激烈的职场中立有一席之地。

别让借口“谋杀”了工作，借口其实是每个人都会说的，但是在职场中，大部分时候，借口是自己能力不足的掩饰。张牧是一名网络公司的编辑，张牧所在的公司实行打卡制度，迟到会扣钱，所以不管发生任何情况，只要迟到就必须会扣工资。按时上班这是每个企业制定的最基本的劳动纪律，是每个员工都必须遵守的。其实和上班不能迟到早退一样，不能按时完成工作，一样，是不允许寻找任何理由和借口的。

张牧的工作起初对业务并不熟悉，每天的工作量很大，所以他每天都会加班很晚。刚开始的时候，主管体谅他的处境，告诉他尽量完成工作，如果实在忙不过来，也可以稍微延迟一下。有时候下班，张牧完不成工作的时候，想到主管的这句话便不再工作，拖到第二天再做。就这样，在近一个月的时间里，张牧总是今天的活推到明天，明天的推到后天，直到周末休息，张牧的工作还有小部分没有完成。而这个时候，和他同时进公司的同事们已经都可以按正常的工作计划完成工作了，只有他还是积压工作。

有一次，主管告诉他，下周步入正轨，每天的量必须完成。张牧只好利用周末的时间把之前的留下的工作都完成，否则，日

积月累，张牧的工作会积压得越来越多。

张牧的工作没有完成，就是因为他以不熟悉工作为借口来推脱责任的，其实真正原因还是他自己不努力、不认真。

在人生中，不仅仅是工作，在任何时候，每个人都会或多或少的为自己的失败或缺陷找借口。真正做到“没有借口”并不是一件简单的事情，但是如果在职场中，过多地为自己的错误找借口，只会阻碍自己在职场的发展。但是如果你能在职场中，坚持“没有借口”这个信念，就可以帮助你在职场中最大限度地发挥潜能，激起自己的斗志，这样才能成为职场的成功者。

一名优秀的员工是不会在工作中找借口的，他们深知“借口”犹如“凶手”一样会谋杀掉自己的工作前途。如果工作中能够坚持“不为今天的工作找借口”这样信念，主动承担自己的工作责任，这样在提高工作能力的同时会提升自己的意志力。秉承这种优秀的品质，你无论在哪个领域都会受到赏识和重用。

2

不找借口从勇于认错开始

为自己的失败找借口，只会导致自己错上加错。勇于承认自己所犯的错误，并去改正它，是每个人都知道的道理。但是这个道理也并不是每个人都懂得的。特别是在职场中，很多人都习惯了工作失误找借口，但是找借口只能让自己的工作止步不前，员工在工作上遇到困难或犯了错，最好是想方法解决问题，而不是找借口推脱、逃避责任，这样只会使自己变得平庸，没有斗志。想要拒绝借口，不找借口，就必须从勇于承认错误开始。

泰戈尔说：“当你把所有的错误关在门外，真理也就被拒绝了。”每个人的

成长过程，都必然会遇到困难和挫折，但是成功就是经过失败和痛苦的洗礼才会更精彩。成长的关键就是你在失败中吸取教训，并且及时克服和改正错误，最终获得成功。如果一个人犯了错误，却找各种借口推脱，不正视错误，不敢承认错误，更不知道悔改，这样的话，注定一生都是失败的。

犯错并不可怕，可怕的是知道错了不敢承认错误，也不知道改正错误，这样恶性循环下去，无论是对员工本人还是对公司，都没有益处。如果在职场中，面对困难和错误，你总是借口逃避，那你最终将被淘汰出局。勇于承认自己错误是一种高贵诚信的美德，这种美德在职场中会获得他人的尊重。那么，职场中，如何做到不找借口勇于承认错误呢？

(1)认真地从小事做起。

每个成功者都不会因为遭遇工作中的挫折而丧失斗志。所以想要成功地提升自己的勇气，就要有坚强的意志，工作时认真做好每件小事，这样才能锻炼出做大事的能力，一旦能力提升，你就不会为工作找借口了。

(2)利用自己的优势提升自己。

所谓天生我才必有用，这就是告诉人们，每个人都有自己独特的优势。所以在职场中，员工们一定要学会利用自己的优势去工作，懂得扬长避短，这样工作起来才会更顺手。

(3)列清单，避免借口。

很多员工之所以会为自己的工作找借口，只是因为自己的工作不够认真，总是因为其他的事耽误工作。这个时候我们建议，每天到达办公室以后，要列个一天内工作的清单，按照清单完成工作，你会发现，自己不仅完成的很快而且很好。

(4)正确对待错误，远离借口。

用正确的心态对待错误，深刻意识到工作上犯错是很平常的事情，有了错误及时改正才能够提升自己。在工作中，想要摆脱为错误找借口的习惯，员工们必须要勇于承认并及时的改正错误。只有这样，才能够避免借口的出现。

美国名师莎伦·德雷珀说过："犯错误是最好的学习方式。"既然工作中的错误是不可避免的，那想要进步和成长的员工就要善于在错误中汲取经验和教训。员工们要努力控制自己不找借口，控制自己不犯错。因为人们总是在犯了错之后才会找借口。为自己的错误找借口是一种逃避、懦弱的表现。

如果你是一名新入职的员工，也许你并不知道主动承认错误能够给工作带来什么样的好处。那么我们不妨设想下，在生活中，如果在你生日的当天，你的好朋友忘记给你打祝福电话，也没有给你寄来生日礼物，那你一定很伤心，但是生日过后也许你就原谅她不再生气了。当你过完生日以后，你朋友突然来找你，告诉你她很抱歉，她忘记那天是你的生日，所以今天特意来赔罪，你一定会立刻原谅她。但是，倘若她来找你，告诉你她是因为你生日那天，她忙着和男朋友约会，或者是说忙着工作接见客户，没有时间给你打电话，那你一定很生气。因为你知道她这只是在找借口，你也许会原谅他，但是你心里一定不好受。

同样的，在工作中，如果你犯了错，不承认错误，而是找各种借口和理由，老板一定也不喜欢这样的人。相反，如果出现错误，你立刻去老板主动承认错误，并承诺会想办法解决问题，相信，老板一定不会很生气。因为主动承认错误是极具责任心的表现，这样的员工是每个企业都需要的。

员工在工作上犯错是不可避免的，但是面对错误的态度却是各不相同的。如果犯了错就要改正，改正错误就不能找借口，而是要勇于认错。一名善于在错误中成长的员工是难能可贵的。言出必行，言出必准，诚实守信是最起码的职业道德。工作上保持一种健康的心态和积极的情绪，有了错误就及时的改正，在总结经验教训上不断提升工作能力，从而获得职业上的成功。

3

出现问题：多查找自身原因

不管你在社会上扮演的角色是什么，犯了错误，都要以正确的态度面

对。因为一个人对待错误的态度能够直接反映出他的道德品行和敬业精神。犯了错误,绝对不要找借口推脱,而是要勇于承认错误,勇敢地承担责任,及时地去克服困难,解决问题。在职场中,这也是一名优秀员工应该具备的素养。

想要在职场中大展宏图的员工,要深刻记住,做事情爱找借口,没有责任心,凡是不敢承担责任的人是老板最不看好,可以说是老板最讨厌的人,如果你不改掉这个恶习,不管做什么工作都不会成功。

伟大的国学家孔子曾说过:“躬自厚而薄责于人,则远怨矣。”这句话就是告诉我们,在错误面前,多责备自己,少责备别人,就会远离怨恨。这点是职场中的每个员工要做到的,如果犯了错,出现了问题,一定要多查找自身的原因,检查看看是自己哪里做得不到位,而不是找借口推卸责任、怨天尤人甚至去责备他人。这样不仅影响自己的工作,有损老板对自己的印象,还会影响同事之间的良好关系,影响自己的职场发展。

在某化工厂任职的张远有过这样的一次经历,他做工程师的时候,他所负责的实验室发生了大爆炸,一块天花板被炸了下来,掉在地上,所幸没有砸到人。

因为出现事故,他必须给总经理解释事故的原因。他走进总经理的办公室的时候,就特别紧张,觉得他的自信心和那块被炸掉的天花板一样粉碎。

可是总经理并没有去训斥他,而是问他通过这次爆炸学到了什么,是否已经知道如何修正和继续这个实验。总经理对张远说:“我们最好就是现在对这个问题进行彻底的了解,而是不等到以后进行大规模生产的时候。”

从张远这个经历中,我们可以懂得这样一个道理:在企业中,领导不会责怪员工犯错。因为工作中出现错误是不可避免的,作为管理者,他们关心的是员工犯了错是否会主动承认错误,是否有从错误中吸取教训。因为勇敢地承认错误不仅表现了他勇于承担责任的勇气,也反映了一个人的诚信品质。

其实在工作中,勇于承认自己的错误并不是重点。关键的是犯了错误,是否有从自身的因素去追究原因,寻找解决问题的方法。只有具备这些素质的员工,才是称职的好员工。工作中犯了错,勇敢的承担错误,坚强的从自身找原因，并提醒自己下次不再犯。如果你总是为自己的错误和失败找借口，你永远都不会成功。

一个领导，不管他手下有几个下属，他都会通过对员工的了解，敏锐地知道，谁是好员工，作为领导，他心里有把尺子在衡量。那些在工作上出现问题，犯了错误，不从自己身上找原因，而且想方设法推卸责任，找借口，这样的员工，领导是不会重视重用的。

职场中有些习惯找借口的员工，不管工作上出了什么差错，不管事大事小，他能够找到自认为非常合理的客观理由。但是他绝对不会从自身找原因，因为他不会主动承担责任。这样的员工，不管在哪里，都不可能有个很好的发展前途。

如果工作上犯了错不找借口，而是勇敢地承担错误，积极地寻找犯错的原因，并且首先会从自身找原因，想尽方法去解决问题，这样的员工，不管在什么地方都会被领导重视，都会有个很好的发展前途。

4

做事到位：不给借口生存的空间

工作中发生一些失误，犯一些错误，是人之常情。在职场中工作，一定要始终坚守认真的信条，这份认真千万不要被繁琐的工作消磨掉，否则你很难成功。因为每件工作都要认真地对待，做事到位，不能给自己的失误和错误留任何借口的空间。

职场中，任何一项工作都是由一些琐碎的小事组成的，但是有很多员工忽视工作上的小事，认为自己是有远大宏伟的工作目标的，而这些小事情只是在浪费自己的时间。殊不知，没有一点一滴的累积，又怎么会有卓越的成就。

做任何工作,如果做事到位,不找任何的借口推脱,不敷衍了事,你就能够成功地完成。作为一名员工,对工作的细节处理得是否到位,直接体现了他的责任感。不管在任何领域,一个成功的人,一定要在工作中不断提高对自己的要求,将自己的工作做到尽善尽美。如果在工作中出现失误,要勇于承担自己的责任并改正,不要给借口生存的空间。

希尔顿饭店是世界有名的旅馆之王,它的创始人希尔顿是一名成功的企业家,他就是一个做事到位的人,他不仅严于律己,重视细节,体现责任,他还要求自己的员工在工作的时候"在细节之中毫无保留地体现自己的责任",就因为他秉持着这种严格的管理理念,希尔顿酒店才会如此的成功。

事实上,如果员工从来不为自己工作中的失误找借口,将工作按时按质完成,那么他一定会将工作中的每件事情都能做到细致到位。工作中,一旦借口有了足够的生存空间,就会严重阻碍员工的工作效率。在激烈竞争的职场中,把工作做到无可挑剔,这直接体现出职场工作能力和敬业态度。在具备较高的工作能力之外,还应该做事负责、到位,不给错误找借口,将每个细节都铸造得完美无缺,这样才能够帮助自己和企业走向成功。

借口是平庸员工应付工作的说辞,一名优秀的员工是没有找借口的习惯的。面临工作,优秀的员工做事努力认真,不给借口任何生存的空间,借口只是失败者自我安慰的甜品。身为老板,如果你给员工安排一个任务,他不但没有完成,还为自己的失败找各种借口。相信你一定不会喜欢这样的员工。

做任何工作都应该有认真的态度,不管工作困难与否,都要想尽办法去完成,而不是找一大堆借口逃避工作。如果在工作上犯了错误,要及时承认错误,勇敢承担责任,而不是找借口推脱责任。因为成功永远属于会找方法解决问题的员工,而不属于擅长找借口的员工。

没有任何一个企业的老板喜欢找借口的员工,那些在企业里被重视的员工,一定都是能够想方设法帮助企业解决问题的员工。职场上想要成功,一定要记住,做事细致到位,不给借口生存的空间,而是重视找方法解决问题。

工作中无论是因为什么原因找借口,造成的结果都是一样的,借口导致工作完成不到位。任何人一旦养成找借口的习惯,就会在工作中变得拖拖拉拉,做事不仅没有效率,还会降低工作能力。这样的人是不可能被企业委以重任,也不可能成为企业中优秀的人才。任何一个企业需要的都是一个办事尽责,不找借口,能够完美执行上级命令的优秀员工。

同时,优秀的员工做任何工作都不会给自己找借口。他们清楚地知道找借口是懦弱和胆怯的表现,他们更不会自欺欺人的让借口磨灭自己的斗志。那些习惯于找借口的员工,总是把一切不顺心归咎于外部环境,总是说没有成功是因为条件不允许,时机还未到等种种说辞。其实这些真的只是借口,如果你想等到所有的条件都具备了再做事,恐怕条件具备了东风也不会如期而至,而你永远也不会做好事情。

每个想成就一番事业的人,都必须从简单的小事做起,以认真负责的态度做好每件事,把每个小事都当成是一件重要的大事来解决。因为每个能够处理好小事的人都有做好大事的能力。如果一个人小事处处做到位,每个细节都处理得尽善尽美,那些所谓的大事就会迎刃而解,而成功就会在不远处。

5

不找借口:让责任心消灭借口

责任心,一直是工作质量的前提和保证。有人说责任是一种使命,想要成功就必须在任何情况下全力以赴。的确,在职场中想要成功就必须要有责任心,而想要塑造责任心,就必须学会在任何情况下不找借口。

一名优秀的员工,不找借口就是完美执行力的体现。企业中员工只有踏踏实实地做好本职工作,才能够在工作中不断地提升自己,才能提高

和锻炼自己的执行力，也只有这样，企业的领导者才能够发现你的长处，你才能够在职场中脱颖而出。要怎样做到不找借口呢？其实最简单的办法就是立刻行动。领导安排了任务，要当机立断地执行，而不是拖拉之后再去做，这样往往很难及时有效地完成。

很多员工在工作中喜欢找借口，他们并不是能力不足，而是缺乏对工作负责任的态度。遇到稍有难度的工作，或者是工作出现了差错，他们总是习惯找借口推卸责任，而不是勇敢地承担起责任。这样的员工，企业是不会欣赏的。

王欢和赵强高中的时候就是好朋友，学习成绩也非常的优秀。但是两个人的性格和为人处世却差异很大。王欢性格开朗豪爽，非常乐于助人，在同学中很多人都喜欢和他相处。而赵强个性孤僻，除了王欢，很少与其他同学相处。

幸运的是高考的时候，两个人都同时考入了北京的一所学校，毕业以后，两个人也同时进入一家企业工作。但是他们两人对工作的态度却截然的不同。公司离他俩住的地方不是很远，但是也需要四十分钟车程。由于北京容易堵车，所以每次王欢都提前出门，往往提前半个小时就到公司了。到了公司，他会检查下昨天的工作，看是否有出错或者未完成的，然后再整理今天要做的工作。而赵强总是算着时间出门，由于堵车，他偶尔会迟到。但是，尽管每天只有半个小时的差距，两个人的差距也开始拉大。

有一天早上才七点，王欢和赵强都接到部门经理的电话，说有急事要他们俩尽快赶到公司。王欢挂了电话，穿好衣服就出门了。而赵强挂上电话和平常一样吃完早饭才出门，他认为公司的事他一个小职员也帮不上什么忙。等赵强到了公司，王欢已经帮助经理处理好事情，坐在办公桌前整理资料了。赵强一再向经理解释说："他接到电话就出门了，因为堵车才来晚了，下不为例。"经理问他："那你吃早饭了吗？"赵强松了口气说："吃了。"经理说："我知道了，你先出去吧。"

在一个月后的公司表彰大会上，经理表扬了王欢，表扬他在工作中认真负责，处理问题及时有效，并提升他为部门助理。而赵强却受到了批评，经理说赵强："赵强工作几个月以来，每个月都会迟到三次以上，可见他没有工作的积极性和认真态度。这样的做法以后要注意避免，不要再犯。"

通过这个例子，我们看出，在工作上认真负责的员工一定会受到领导的重视和表扬。相反，那些工作上处处找借口的人，一定是个没有责任心的员工，也一定会受到批评。如果你想在企业中获得备受尊重的职位，那你就要从点滴中做好，做到任何事，任何人都要以负责的态度对待，那你迟早会赢得自己想要的。

在职场中，有责任心的员工总是把工作当做一个学习的机会，把工作视为提高自身能力和价值的方式。所以有责任心的员工一定不会在工作上处处找借口，如果员工以高度负责的态度去处理工作上的每个细节，那他必然会在职场中出类拔萃，成为企业的优秀人才。

6 找借口步步艰难，找方法一路坦途

有人说找借口是一种逃避责任的表现，其实不管怎样，如果在职场中，你总是为自己的错误借口，那你将永远不会成功。当你再次遇到类似的问题，你还是会犯错，会失败。因为困难面前找借口只会步步艰难，而找方法解决才是一路坦途前进的保障。

那些在职场中任职好久，却一直平庸的员工，都有对于困难屈服的共性。他们总是会找出一些借口将自己的错误和失败掩盖，殊不知这只会让自己在错误面前越陷越深，最终习惯找借口，丧失了解决问题的能力。

优秀的员工在遇到困难的时候，他们会主动地去找解决问题的方法。而不是找借口逃避责任，找理由为自己的失败开脱。想要在职场中步步

高升，那就要有足够的能力铲除路途上的障碍。优秀的员工所具备的创新精神和开拓精神，是克服障碍的有力武器。

黄建出生在四川一个农民的家庭，从小家里经济就很拮据，因此他初中毕业就外出打工了。刚开始的时候，他应聘在一家房地产公司做业务员，没有底薪，不包吃住，做成一笔生意按提成计算薪水。上班第一天，老板对他讲了一句“凡事不找借口，找方法”，他就记在心里了。每天上班他都劲头十足，每天早出晚归地出去发宣传单，可是发出去的单子越多，受到的白眼越多，心里的失望越多。三个月过去了，他连一单生意都没有做成，周围的同事有的说这个项目不好做，有的说这个行业不适合自己发展，纷纷离职到新的公司打拼了，黄建这个时候很迷茫，不知道自己是要跟着同事一起离职，还是继续留在这里。这个时候，他想起来老板第一天曾经跟他说的话，凡事不要找借口，找方法。他想这肯定是老板多年工作的经验，于是决定再给自己三个月的时间，如果还是没有生意的话，再另寻他路。

在未来的日子里，黄建慢慢总结自己的不足。如果是讲解不到位，就决心将写好的讲解词一字不落地背下来；如果是态度不够亲切，让客户有距离感，就对着镜子练习微笑，努力为客户提供最满意的服务。就这样，黄建在一点一点摸索方法的过程中，他的业务渐渐多起来。终于有一天，他的客户找到他，他给客户详细讲解了楼盘的信息，并且帮助客户选择了两套位置最好的公寓，同时，也做成了自己的第一单大生意。

工作中，每个员工都应该发挥自己的能力，竭尽全力寻找解决问题的方法，而不是四处找借口推脱责任。寻找方法不仅能够帮助企业解决困难，还能够帮助自己脱颖而出。试问，有几个老板不喜欢认真负责解决问题的员工？能够主动找方法解决问题的员工是企业的宝贵资源，如果你想在企业中有更大的发展，就一定要拒绝借口，主动寻找方法解决问题。

所谓“看准了方向、找准了方法，就等于已经将问题解决了一半。”这句话告诉我们，在面临困难和问题的时候，找到恰当的方法有多重要。员工在职场中，千万不要呆板工作，不要只顾低着头工作，而是要灵活运用大脑，积极思考，遇到问题抬头看路、看准方向才是关键。

在工作中遇到困难是在所难免的,那么如何解决这个问题呢?首先不要急躁,无论出现的错误有多严重,都不要太过于慌乱,慌乱中更容易出错,想要快速找到解决问题的方法,就一定要有平和的心态。让心情平静下来,才有可能找到有效的方法。

其次,就是要把问题认识清楚,工作中出现问题是很正常的事情,这个时候一定不要被问题冲昏了头脑,失去惯有的冷静思维。更不要马上着手寻找解决方法,而是冷静的弄清楚问题的症结所在,然后再去对症找药。

最后,就是找到解决方法这个关键步骤了。经过理性的分析以后,才能在纷杂的环境下看清事物的本质,做出正确的判断。工作就是不断发现问题,分析问题,解决问题的过程,这个看似简单的过程是拒绝借口存在的重要方法之一。

有些人会说自己的能力有限,找不到克服困难的方法。其实,每个人只要稍稍努力,能力是可以慢慢提高的,但是面对困难不退缩,不找借口却不是人人都能做到的。解决工作中的问题总是有很多种途径和解决方案的,但这些途径和方案是依靠我们去挖掘和寻找的。积极地破解工作中的难题不仅能够提高自信,而且能够累计经验,提高自身的能力。

也许一件事情,你想做你可以找到一百个要做的理由,当你不想做的时候,你却能够找到一千个不做的理由。这就是借口的特性吧,当面临逆境,懦弱的人永远能够找到理由逃避。相反,能够冲破阻力,不断解决问题的员工,则永远在工作中走在别人的前面,成为领军人物。

第四章 工作离不开忠诚:忠诚的员工每天在工作中都力求完美

每一份工作都必须以认真的态度去完成,这样你才能够在职场中不断进步和提高。如果你想创造更高的价值,就要懂得,只有忠诚于自己的工作,工作才会回报给你丰厚的成果,忠诚的员工会赢得更多的信赖,更容易取得事业上的成就。

1

每天做好工作是忠诚的体现

做好工作才能够过好生活，工作是一个人一生中必须经历的过程，没有工作，就无法生存，更不要谈生活的情趣和理想了。但是很多工作者认为自己只是企业的打工者，与企业是雇佣的关系，所以只要做完本职工作就行了，企业的发展与自己的关系不大。这样的观点是很不对的，也无利于自己在职场中的发展。

作为员工只要你受雇于一个公司或者一家企业，就必须每天都做好自己的工作，而且要带着忠诚的态度做好它。因为忠诚是你的义务，不管你的工作能力多强，办事效率多高，如果你对自己服务的企业不忠诚，老板一样不会重用你。就像每个人都讨厌背叛一样，老板或者公司一样无法接受一个不忠诚的员工。如果你是一个新入职场的工作者，不知道忠诚怎么做，那就做好工作，因为做好自己的本职工作是对企业忠诚的最简单的体现方式。

员工在职场中工作，一切都应该以公司的利益为重，对待老板和公司都要忠诚。所谓忠诚并不是嘴巴上对老板的阿谀奉承，而是要真切地表现在实际行动上。这种忠诚并不是一天两天就能做好的，而是员工在每天的工作中逐步表现出来的。忠诚是一个员工的优势和财富，忠诚最直接的表现就是好好工作，如果你每天都能够按时做好工作，老板一定会认可你。每位职场的工作者，都要记住这样的道理：每天做好工作是忠诚的体现，如果你能够做到忠诚的对待公司和老板，他们也会真诚地对待你。你对公司忠诚，公司就会给你回报。忠诚会提高你的工作能力，给你提供

晋升的机会。

每天做好工作是员工最基本的要求，也是忠诚的体现。但是很多员工会认为，自己在公司只是一名小小的员工，每天做好工作，付出时间是为了换取一份薪水，谈不上成功。其实这样的想法是错误的，如果你只是为了生存去工作，你将永远不会发现自身的价值和潜力，因为态度决定一切。一个只是为了生存而工作的员工，对待自己的工作缺乏热情，时间长了就难免出现懈怠情绪。但是如果怀着一颗忠诚的心，每天认真地工作，这样日积月累，循序渐进地工作，就很容易看到工作带给自己的丰厚回报，这种回报不仅仅是薪酬、待遇的逐步提高，还包括丰富的人生感想和事业的成功。

徐辉和马庆是校友，技校毕业后两个人合租住在一起。毕业初期两个人都没有找到合适的工作，在投寄了无数简历和参加了多次面试以后，两人还是没能找到理想的工作。就在他们一筹莫展的时候，有个工厂招聘两名保洁人员。徐辉想这工作不会很累，也许有机会升职做个技工，于是他决定去应聘，马庆见状，也跟着他一起去了，马庆想的是，现在解决生存问题是关键。

两人没费什么力气就被聘用了，但是由于两个人的心态不一样，马庆在工作时总是懒散、拖拉也不认真。徐辉则是每天认真工作，本本分分地把每个地方都打扫得干干净净。就这样三个月过去了，马庆实在忍受不了，便辞职继续找工作。而徐辉依旧是每天都会尽力做好工作，因为工作认真，徐辉经常被领导表扬，过了半年，老板见他工作认真，便安排他负责厂里的环保和安全工作，就这样徐辉成功地迎来了他人生中第一次升职，薪资待遇也随之升高。而这时候，马庆还在抱怨他的工作工资低，工作累。

由此可见，同一件事情，只要认真忠诚地去做就会有收获，如果只是应付，你是做不好这件事的。在企业里，不管你的工作是什么，只要你态度忠诚，认真地完成每个任务，你就会被老板欣赏，就能够在企业里有很好的发展。

在职场中，忠诚就是无价之宝，忠诚不仅能够促使你认真工作，还能够为你赢得老板的赏识和重用。你不妨看看周围,公司里受重用的人,一定是那些忠诚地认真工作的人。工作认真的员工除了对待企业忠诚、工作能力高以外,他们还有一个共性,就是每天会认真地做好工作,永远遵循着今日事今日毕的信念。

世上并不缺少有能力的人,真正缺少的是忠诚的、认真的员工。那种既有认真做事的能力,对企业又忠诚的人一定是每个企业需要的理想员工。忠诚于工作,忠诚于企业,忠诚于自己立足职场的信念和目标,这才能促使你的事业达到意想不到的高度。

2

忠诚让你每天都尽心尽力

忠诚是与生俱来的品德,也是负责的表现。作为一个公民,你要忠于国家;作为家人,你要忠于家庭;而作为员工,你更要忠于自己的公司。忠诚地对待公司,是每个员工都必须做到的责任和应尽的义务。忠诚会让你每天都尽心尽力地工作,因为忠诚,你会获得老板的赞许,因为忠诚,你会赢得对手的尊敬和信赖,也因为忠诚你的职场会变得豁达。

忠诚是发自内心的情感,这种情感是不求回报、不讲条件的。就像在感情里你会忠于你的爱人,是因为你爱他;你热爱祖国,所以无论何时何地你都会对祖国忠诚;而作为一名公司的员工,你会对公司忠诚,是因为你热爱你的工作,感恩你的老板,你会发自内心的相信老板、相信同事、相信自己有能力为公司尽心尽力的工作。

姜海龙初中毕业以后就去了部队,从 1970 年 12 月起他在部队一干就是七年。在部队里姜海龙勤学苦练,争先创优,终于在 1975 年光荣地加入了中国共产党。退伍后,姜海龙被分配到

上海市煤气公司工作。

在1996年9月，姜海龙被派到上海市郊奉贤，负责把城市煤气引入奉贤。这是一个拓荒性的大工程，但姜海龙并没有退缩。他带领着新成立的奉贤燃气公司全体员工，在“白纸”上画下了最美的“图画”——人工煤气管道穿越浦江，成功地抵达奉贤，给奉贤人民带来光和热。

姜海龙在工作的点滴中时刻流露出他对党，对国家，对人民的忠诚之心。从市区到郊县的工作，有很多无法想象的不便和困难，但是姜海龙深刻地意识到自己肩负的责任。姜海龙在奉贤的工作到期之后，为了奉贤燃气事业的持续发展，他毅然选择继续留在奉贤，至今已有十五年。

忠诚的员工不仅不会嫌弃工作，还真心诚意地对待工作，对自己的工作尽职尽责。忠诚的员工会始终怀有一颗诚挚的心，以忠诚的态度尽心到每个行动上。想要成为一名忠诚的优秀员工，尽心尽力工作的要求是什么呢？

(1)尽心尽力地做好本职工作是忠诚的直接体现。公司的进步和发展是每个员工共同努力的结果，在公司里，员工们各司其职，每天按照要求做好工作，达到日结日清的目标。尽心尽力地做好自己的本职工作，尽到自己应尽的责任，才能够在不断地努力中提升自己的能力，才能担负起企业交付的责任。

丁辉就是一位尽心尽责的好员工，在工作中他总是全身心地投入，对待每个任务都会尽量做到最好。经过一年的努力，他现在已经是公司的销售部总监，但是只有他自己知道，这个位置是他辛苦工作的回报。

丁辉是以一个销售专员入职公司的。进入公司不久以后，经理就安排他接手一个半成品项目。原来，那个项目是之前一个离职同事做的，因为合作方欠下一笔不小数目的资金，久久要不回，这个项目才会一直悬着，没人接手。

丁辉接手这个项目最大的挑战就是要回那笔资金，他知道这个任务就是讨债，有一定的难度。他做好了万全的心理准备，但是工作还是比想象中困难得多，那个欠资金的负责人是一个

"雷打不动,刀枪不入"的人物,任凭丁辉软磨硬泡,他就是岿然不动。无奈,丁辉只好像狗仔一样,到处跟着他,双方僵持了一个多月,对方终于妥协,主动跟丁辉说:"我给你五万块钱,那笔资金你就不要再来要了。要来了,你也不能拿一毛钱。"丁辉断然拒绝了。经过多次的沟通,对方最终答应支付欠款百分之八十的资金。这对于丁辉的公司来说,无疑已经是最好的结果。

丁辉出色地完成了经理安排的任务,且不为金钱动摇,就是因为他对企业的忠诚和热爱。经过这次讨债,丁辉明白,想要成功必须认真和坚持。现在,尽管他已经是销售部的总监,但是,他那份赤诚的心,依旧推动他每天尽心尽力地工作。这样的员工,在任何企业都会备受重用的。

(2)忠诚除了能让员工做好本职工作以外,还能够促使员工在工作中,最大限度地发挥主人翁精神。把公司的事情当做是自己的事情,在公司遇到困难、出现危机的时候,主动为公司寻找解决问题的办法,尽自己最大的努力帮助公司渡过难关。而不是在公司出现危难的时候,选择离开工公司。如果员工尽心尽力做到这一点,不仅对自己日后的职场发展有帮助,还会赢得老板的认可。

(3)作为一名优秀的、忠诚的员工,要时刻维护公司的形象,把公司的利益放在首位。不管你在公司任职什么职位,都要做到在任何时候,不要以公司的名义牟取私利,更不能泄露公司的秘密,出卖公司的利益。忠诚的员工是不会做出出卖公司利益这样的事的,更不会因为工资而敷衍、抱怨工作。

每个老板为了公司的发展,都会选择对企业忠诚的员工。同样的,如果员工想要在企业里进一步的发展,就应该意识到自己与公司的利益是密切相关的。意识到这些,员工就会忠诚的为企业工作,就会尽心尽力地做好每一天的工作。

3

别总是为了薪水去工作

“每天干那么多活,工资却那么低。”相信几乎每个职场中的人都说过类似这样的话。很多人都认为工作只是赚取薪水得以生存的方式,在他们看来工作上做好、做坏不重要,只要完成工作就行。只为薪水而工作的员工,是缺乏上进心,没有事业前途的。

作为一名员工,你要深刻地意识到,工作不仅仅能够给你带来薪水,还能带来薪水以外的东西。一个每天只会应付工作的员工和一名忠诚认真、尽职尽责的员工,他们的未来也一定不一样。因为工作在给你带来薪水的同时,也是在不断地磨炼你。如果你认真对待工作,你的知识和能力都会不断地上升,这种高品质的工作就能够帮助你成功实现梦想。

刘琦17岁那年,父亲突然病重,于是他只好辍学工作赚钱。身体单薄的他跟随村里的泥瓦工来到一个建筑地打工。一踏进建筑地,刘琦就抱着要做好工作,成为一名优秀的建筑工的心态。当其他的工友们抱怨工资低、干活重的时候,刘琦却在不断地学习,不断地累积经验。

一天,工友们躺在宿舍的床上在聊天的时候,总经理刚好过来,当时刘琦并不有在聊天,而是坐在自己的床上看书。经理见状便看了看刘琦的书,又翻开他旁边的笔记本随意看了几页。看完后,经理什么也没说,跟大家打了招呼就离开了。第二天,刘琦却被叫进经理的办公室,经理问他:“你学那些东西干什么?”刘琦说:“咱们公司并不缺少泥瓦匠,但是那种既有工作经验又有专业知识的技术人员或管理者却并不多,我想咱们公司应该也需要这样的人吧?”经理听了点点头。

不久刘琦就被提升为技师,但是有的工友就嫉妒、挖苦他说:“你再怎么着也是给人家打工,有什么了不起。”刘琦无奈地笑了笑,想起语文课本里那句:“燕雀焉知鸿鹄之志之。”刘琦清楚地知道,他工作并不是单纯为了赚钱,而是在为自己的梦想工作。

以端正的态度对待自己的工作,做好工作中遇到的每一件事情,并把它当成使命,你就能够从中感受到工作的价值。工作只是我们实现梦想的踏脚石,我们在工作的过程中不断提升自己,让自己的工作有意义,并不断肯定自己的价值,这样我们所从事的工作换来的就不仅仅是薪水,还有比薪水更有价值的机遇和成功。

很多人会认为,我的一生都在工作,而我辛苦的工作,就是为了换取薪水来养活自己和家人。甚至有人会说:“如果没有薪水,我根本不想工作。”这可能是很多人都有的想法吧,特别是工作辛苦,工作上受到委屈的时候。但是不管怎样,生活在继续,工作就要继续。如果你无法调整自己,总是认为工作是为了赚钱,那你一定不会拥有丰厚的薪水,因为工作的态度决定了工作的回报,工作不仅仅是为了薪水,也别总是为了薪水去工作。

为什么我们不能仅仅为了薪水而工作呢?

(1)员工如果纯粹的只是为了薪水去工作,这样的员工是很难在工作中寻找到自身价值,也很难看到工作对自己的意义,无法开拓出理想的职业前景。一个一味看中薪水的员工,他对企业的忠诚度一定不高,这样的员工老板是不会委以重任的。因为也许哪天你就会为了一份薪水比较高的工作离开或者背叛公司。

(2)作为员工,要摆正自己的位置。要深刻地认识到,想要成功单靠个人的努力是不够的。在企业里员工之间、员工和公司之间都是有密切关系的。只有员工给企业带来利益,公司才会成就员工。同样的道理,如果公司发展好了,员工的收益也会增多,福利也会随之提高,公司为员工提供的事业平台也会更广阔。

(3)公司是员工学习的课堂,公司不仅能够给员工提供薪水,还是员工进步、发展的平台,更是员工实现梦想的舞台。所以员工只是为了薪水而工作,就会错失一个实现梦想的机会。所以员工应该以认真的态度,忠诚的心态为企业工作,为自己工作。

在职场中,表面上我们以为员工是在为公司工作,实际上员工工作最大的受益者还是自己。如果员工总是为了薪水,遇到待遇高的公司就跳槽离开,很少从自己发展的全局来衡量,轻易放弃已经经营成熟的事业基础,这种行为看似薪水提高了,但对个人事业发展来说却是一个巨大的损失。

试想一个老板能够坐镇一家公司,他一定有着超出常人的能力,最起码他会有卓越的判断力。为了公司的利益和发展,他一定会选择重用那些认真工作,对企业忠诚的员工,而不会提拔一个只看重薪水,以一己私利为目标的人。也许有的人认为,自己工作很努力,可是并没得到老板的认可,那也不用灰心,因为你现在工作所换取的薪水是为了现在的生活,而工作却是一个充满变数的过程,生活还在继续,而今天的工作却能够为以后生活打下更好的基础。

成功之路多半不是那么平坦,而是充满崎岖和坎坷的,成功者总是在经历了无数跌宕起伏之后,才能获得自己事业和人生的成功。成功者在面临困难的时候他们总是比别人更能忍耐,所以才能够一步一步地走向别人不能到达的高度。成功者的超强能力也是在遭遇困难时锻炼出来的,同时,他们在战胜困难的过程中赢得丰富的创造力和敏锐的洞察力。如果你想在职场中做一个成功者,从步入职场开始你就要对自己严格要求,认真对待工作和公司里的每个人,把每一份工作都当成帮助自己提升和成长的机遇,不要过分看中薪水,因为薪水并不能完全体现你的价值。想要成功就要在不断地努力中发挥自己的潜能,提升自己的价值。

4

服从+忠诚=完美工作

有人说,服从是职场的第一课,学会服从,才能够在职场中立足。而忠诚则是职场中最重要的一课，有了忠诚你才能够被老板信任和重用。如果你想在工作中进步，想在事业上成功，你要做的就是把服从和忠诚结合起来，这样才能够完美地完成工作，迎来成功。

服从，在某种意义上来说就是员工实现对老板的承诺，而尽力兑现承诺必须有一颗忠诚的心，这样你才会尽心尽责地完成任务。在职场中，员工们的服从性是有区别的，优秀的员工会主动服从领导，积极配合领导的管理和指派，在服从的过程中怀着对企业的忠诚，凭借自身的能力去完成、完善自己的工作，在工作过程中无时无刻不体现出自己的责任心和荣誉感。而也有一部分员工，则是被动服从领导，他只会在老板的督促下完成工作。对待工作没有积极性，没有主动性，像挤牙膏一样，挤一下才会出一点。这种被动、机械的工作方式，是不会令自己的工作取得好成绩的。

一名积极主动的员工，会对自己的工作严格要求，也会深刻地意识到服从和忠诚的重要性。因为一名卓越的员工，是不需要别人强迫或监督，就能够顺利完成工作的。无疑，一名员工的服从性和忠诚度对工作会起到不容忽视的作用，具体到工作中，我们应该如何做呢？

(1)服从命令，让我们的工作更完美。

作为一名员工，必须要服从老板的命令，在接受任何工作任务的时候不含糊，不推脱。要明确自己工作的内容和职责，在确定自己的工作方向和先后次序以后，充分利用周边的资源，全力以赴的去完成工作。

(2)对企业的高度忠诚是服从的基础。

员工实现完美的工作目标，做到事事服从，这个前提就是员工对企业忠诚，对老板忠诚，对自己的工作忠诚，否则他是做不好服从的。因为在工作中，员工必须要服从老板的命令，任何事情都要服从公司的利益。工作上的一切行动都必须听从指挥，积极地认领工作任务。努力地把工作做好，这个时候完美的工作就是必须要做到今天的工作，今天做好、做细、做完。

(3)高度服从加忠诚造就完美的工作。

员工要想在职场中战无不胜，就必须有完美的执行工作的能力。而完美的执行能力是由很多因素决定的。首先，你必须有服从领导，积极完成任务的心态。其次，你还要有忠于企业的赤诚之心，要时刻为企业着想，为老板排忧解难。最后，也是关键的因素，就是你要有能够处理好问题，完成任务的工作能力。只有做到这些，才能够顺利达到工作目标。

一天,有一群小孩子在公园里玩打仗的游戏。有一个小男孩被"军长"派在哨兵站站岗,扮演军长的小孩子对"哨兵"说:"没有我的命令,你不准擅自离开岗位。"于是小男孩就一直在那站着。后来,小孩子们玩累了,便都回家去了,把小男孩忘记了。天色渐晚,小男孩害怕地哭了起来。公园的管理员听到哭声,便寻着哭声找到了小男孩,要他赶紧回家。

小男孩哭着说:"我是士兵,我要服从军长的命令,军长要我不得擅自离开,我不能走!"

管理员看着小男孩,想了想,然后站直了身子,严肃地说道:"士兵同志,我是司令员,现在我命令立刻回家去。"

小男孩听了,吸吸鼻涕,高兴地回家去了。

这个小故事看起来似乎没有什么意义,但是如果你仔细品读的话,你就会发现故事里小男孩所扮演的"士兵"对"军长"的服从,对"部队"的忠诚,正是现在很多员工所缺少的。拿破仑说过,不忠诚的士兵,没有资格当士兵。同样的,不忠诚的员工就不可能很好地完成工作,也不可能成为一名优秀的员工。

在竞争激烈的职场,服从的观念也很重要,而忠诚就是绝对地服从。每一个想要成功的员工都必须忠诚地服从老板的安排,就像军人必须服从上级的领导指示一样。服从是完成工作的第一步。员工想要完美地完成工作,必须忠诚地服从领导,每天坚持把今天的工作做好。

5 忠诚是你最大的工作动力

在一个企业里,员工必须对企业忠诚,企业才能够正常的运行、健康的发展,可见员工的忠诚对企业有多重要。但是,对于员工来说,忠诚是自己工作的最大动力。之所以这样说是因为只有忠诚的员工,才会忠诚于自己的工作,做好分内的每件事,也只有忠诚的员工,才会放弃私利,以企业、集体的利益为重,以发展、壮大企业实力为己任。换而言之,只有忠诚的信念才会促使员工在工作中精益求精,不断提高和完善自己的能力。因此,忠诚是我们积极投入工作的动力。

李峻原来是公司的一名普通技术职员,公司招聘营销人员的时候,他主动要求进入营销部。当时公司的营销部刚刚成立,所谓万事开头难,营销部的工作比李峻想象中的艰难很多,加上人手不够,李峻的工作量也比较大。

培训完成以后,经理让他负责整个城市东部的市场营销,这对李峻来说是一次难度较高的挑战。李峻着手做了很多准备,但是由于资金不足,很多产品的销售资料无法供应,李峻便自己出钱打印资料,有时候甚至自己手写资料。

就这样,李峻怀着对公司的一片赤诚之心,面对困难并没有退缩,而是迎难而上。每当他被客户拒绝的时候,他总是对自己说:“为了自己,也为了公司,我必须努力!”经过半年的努力,营销部渐渐步入正常轨道,而李峻也因为被老板提升为该区域的市场总监。

其实,李峻成功的经历就是告诉我们,怀有一颗忠诚的心来工作,每天工作认真完成,为企业的利益而努力,甚至为了企业的利益不惜牺牲个人的利益。这样的员工,不仅会得到领导的认可,还会被领导委以重用。

忠诚不仅仅是中华民族的传统美德,也能够给你的生活和工作带来极大的帮助。一个忠于企业的员工,必定会在工作上做到诚实守信,认真负责。而这种态度更是形成强大亲和力的基础,这样的员工会在工作中带动起同事的工作积极性,同时赢得同事的认可和拥护。忠诚的人格魅力会为自己营造出和谐的工作氛围和环境。

人的一生中,不管生活还是工作,都离不开忠诚。人与人之间的感情需要忠诚,而员工与企业之间更需要忠诚。忠诚的员工对企业有着很强的责任心,他会不断更新自己的工作目标,而不会为小小的成绩止步不

前。不断提升的目标也会给他的工作带来更多的动力,这样的动力会促使他在追逐事业成功的道路上不断进步。

对于企业来说,忠诚的员工具有高度的责任心和主动性,因此能够做好每件事情。这样的员工在工作上尽心尽责,却不求回报地为公司奉献。同时,他们的工作积极性和主动性也能够影响企业里每个人,带领同事众志成城地为企业发展而努力,迅速增强企业的凝聚力,提高企业的竞争力。

此外,忠诚是强大的精神力量,是一种特殊的人格特质。员工对企业的忠诚,会形成一种高度的责任心和执行力。它会促使员工在工作中产生战胜困难的勇气和决心,促进员工提高工作能力。

忠诚之所以会是员工最大的工作动力,相信阅读完本篇文章以后,你对忠诚的理解又有了新的认识。忠诚这个发自内心的情感,会促使你在工作中不断挖掘自己的潜力,进而在努力拼搏中提升自己、完善自己。不管你是否是个聪明智慧的人,只要你怀着忠诚和责任为企业效力,就会得到企业的重用,相反,一个智慧又有能力的员工,如果缺乏对企业的忠诚,无论立足哪家企业都是难以得到提拔和重用的。

6 忠诚赢得信赖,信赖播撒成功

在企业里,忠诚的员工是每个企业的老板都梦寐以求的。一个优秀的员工,除了具备较高的工作能力之外,还需有一颗对企业的赤诚之心。这样的员工,会怀着敬业的精神去工作,就会因此获得老板的欣赏和信赖,在升职加薪的同时也为自己的事业奠定坚实的基础,忠诚的员工总会有丰厚的回报。

其实不仅仅是在职场，一个忠诚的人不管在哪个领域都会被人信赖，而信赖是成功的基础。企业管理者们也说："忠诚度比较高的员工，离职率也比较低。"这样的职工是深受企业重用的，他们是企业发展的中坚力量，是企业无比珍视的宝藏。所以，企业稳定发展的基础就是增强员工的忠诚度。同样的道理，一名忠诚的员工更容易在自己的从事的工作中，找到开启事业成功大门的钥匙。

江月是一家药品公司的研究员，在业界因为她出众的工作能力，所以很有名气。近来她想研究一种新药品，但是原来公司的技术条件达不到实验的条件。她便离开了公司，准备去一家更技术条件雄厚的公司进行研究工作。

经过寻找，她决定去一家与原来公司有业务往来的公司。面试的时候，新公司的经理要求她透漏一些她之前在旧公司所负责的项目和相关新药品研发的信息。虽然江月很想进这家公司，但是她还是当场回绝了这个过分的要求。江月说："虽然我离开了这家公司，但是我不会因为自己的利益去背叛它，今天是这样，明天也是如此。"

第一次的面试，因为这件事双方都弄得很尴尬，江月想可能没希望了，还是继续找工作吧。就在江月打算去另一家公司面试的时候，她接到了那个公司的新员工邀请邮件，邮件的内容是："经过考核，你很符合我公司的录用条件，你的能力和忠诚都是我公司需要的。恭喜你，你被录用了。"江月这才知道，那是新公司对她的考验。

可见忠于公司，就是忠于自己的事业，江月因为忠诚，才会被新公司任用。现在很多老板看中的不仅是员工的个人能力，更看中员工的品质，而忠诚是老板最看中的品质之一。

有位成功的学者曾经说过："如果你是忠诚的，你就会成功。"可见忠诚这种品质对于我们事业发展的重要性。员工的忠诚不仅能够为自己赢得信赖和成功，也会给企业带来效益，促进企业的发展和成功，企业成功的最直接的推动因素就是员工。如果员工在与客户的往来中，牟取私利，索取好处、收受回扣。或者是为了金钱，泄露公司的商业机密，或因掌握商业机密而跳槽，这都是对企业不忠诚的表现，这种员工不仅会影响企业

的正常运行，还有可能会导致企业蒙受巨大的损失，相信没有一个老板会重用这样的员工。相反的，一个重视员工忠诚和责任培养的企业，不管自己的员工与什么样的对手或竞争者打交道，都不会担心员工会做出对企业不忠诚的表现。这样一家有信誉的公司一定会迎来比对手更多的信赖和合作。

有人说，忠诚是一条双行线，在企业里，员工付出忠诚就会获得信任。在职场中，不管你是跟同事还是领导抑或者跟竞争对手相处，都诚信相待，那么凭借这份信任你就能够成功。

第五章

工作需要敬业心:敬业的人会尽早拿到迈向优秀行列的“绿卡”

工作是我们维持生存的条件,敬业地工作能让我们的生活更具品质,同时也是促进个人能力提升和成长的途径。只有敬业才能让我们在激烈的职场竞争中脱颖而出,敬业是优秀职业人的通行证,敬业是迈向事业成功的台阶。如果你是一个敬业的人,那下一张优秀行列的“绿卡”将是你的!

1

敬业如魂:优秀员工每天都敬业工作

我们在工作中,应该有爱岗敬业的职业素养。上学时,我们希望成为老师眼中的优秀学生。今天我们在工作中,同样也希望成为老板眼中的优秀员工。敬业是员工职业道德的核心和灵魂,只有爱岗敬业的人才会用心做好每天的工作。

职业就像我们的使命,是人们追求更高精神与物质生活的必经之路。简单而言,敬业的意义就是重视自己的工作,把工作当成自己必须且认真完成的事情来做。对工作做到善始善终、恪尽职守,这是一种优秀的职业素养,也是人们必须具备的道德感与责任感。

任何一家企业都希望自己的员工是一位爱岗敬业的人。没有敬业精神的员工不会给企业带来效益,也很难肩负起推动企业发展的重任。一个国家的发展与每位公民的敬业精神和责任感是息息相关的。正是由于从事各种行业的人们的敬业和努力付出,才有了一个国家,一个民族的兴旺和发达。事实上也是如此,警察不畏艰辛、恪尽职守忠诚地维护公众安全;教师站在三尺讲台前为学生传授文化知识和做人的道理;一名普通工人忙碌在生产线上,为人们生产各种生活必需品,正因为这样才有了国家的发展和人们平和幸福的生活。同样的道理,一个企业的发展也要依靠各部门员工的敬业和努力,只要每个员工都做到爱岗敬业,做一行爱一行,那么企业也必将繁荣发展。

表面来看,员工敬业、努力工作受益的是企业的老板,其实不然。员工可以在工作中学到很多知识以及经验,也会得到老板的赏识,更会提高

你个人的能力。所以,我们应该保持对工作的热情,激发自己的潜力,让这种敬业精神成为自己的习惯。

做任何事情如果缺乏热情,都不会成功。热情就像一把火一样,它可以让你的自信心燃烧起来,使你充满力量,充满勇气。一个没有激情和热情的人,不能全身心地投入到工作当中,也就不会提升自己的能力,只有充满着一种热情,才能让你把每天的工作做得更好,这是激发你的一种动力。

对工作充满热情无疑能保持良好的工作状态,但是人的情感是很复杂的,热情是否经得起时间的考验?当我们长期从事一份固定职业的时候,平淡而重复的工作就是热情的最大敌人。而只有那些养成敬业习惯的员工,才可能在平淡重复的工作中始终保持认真细致的工作态度,即使在遇到坎坷和困难的时候,仍然会用自己良好的心态完成自己的本职工作。因此敬业是优秀员工的必备品质,也是职业道德的灵魂。

一名优秀的员工在工作中,能学到很多知识,经验。工作对于他们来说具有很重要的意义,因此他们更热爱自己所选择的工作,保持精益求精的态度,发挥出自己的特长,不管是什么工作,也都不会觉得枯燥劳累。

现在有很多刚走出校门的新职员,初入职时对自己的工作抱有很大的信心和期待,觉得自己应该会在职场中闯出一片天地,应该能够获取可观的收入。可是事实往往会让他们大跌眼镜。由于刚刚走出校园的他们,缺乏工作的实践,缺少社会的经验,这样的人对于职场来说,只是初级选手。理所当然的,他们的薪资待遇一定不如他们想象那般丰厚,工作的状况也并不如他们之前想的那样平坦顺利,面临这种状态,有的人会欣然接受,努力在工作中提高自己;而有的则是怨天怨地,应付工作。但是往往在这个时候,那种不计较薪水的员工,因为敬业的工作,会有较高的上升空间,成长为优秀的员工。相反,那类整天抱怨现实残酷,却不着手改变的员工依旧站在职场的门口。

优秀员工的成功经验很多,但总结归纳起来也只有一条——敬业。无论我们是从业已久的老员工,还是初涉职场的新成员,只要能逐步培养起敬业、爱业的习惯,才能使自己在竞争激烈的职场中立稳足根,同时为自己搭建出理想的职业平台。敬业听起来似乎并没什么特别,但要在每一天的工作中都体现出我们的敬业精神却并不容易。优异的工作成绩是每一天努力工作的积累和叠加成果。优秀员工每天都会用敬业的精神努力工作,这才是他们优于别人,脱颖而出的关键因素。

工作如逆水行舟,不进则退。只有每天付出了努力,才会得到回报;只有每天充满着激情,才回得到工作带给我们的快乐;只有坚持不懈,才会取得成功。而想要成为优秀的员工,就要时刻谨记每一天都要敬业的完成工作。

2

用敬业精神照亮你的每一天

敬业是每个人在职场中不可或缺的重要品质,敬业的员工永远是最受欢迎的员工,这样的员工不管在什么职位,不管在哪个企业,他们都会因为能够认真工作而备受领导的赞赏。具备敬业精神的员工会重视自己的工作,把工作当成是自己的事业去努力,并且能够通过工作找寻到自己人生的意义。

在职场中,敬业精神是合格员工的基本职业素养,是照亮自己前途的曙光。敬业的员工在工作的时候是快乐的,是积极的,是充满阳光的。而敬业的精神可以通过工作照亮你每一天的生活,让自己的生活更加有乐趣,让自己活得更加有价值。

敬业是思想高度以及素质的体现,员工可以利用敬业精神学到更多的知识,让自己得到更多的经验,同时促进自己不断地前进。敬业也是一个人责任心的体现,责任心是我们每个人都应该具备的品质,无论是朋友之间,家庭之间,甚至是工作时,责任心都将一直激励着你要努力工作。我们只有每天认真地对待工作,每天都尽职尽责地对待工作,那么你的每一天也都是明亮的一天。

工作是我们维持生存的必要方式，我们从工作中获得酬劳的同时，还需要借助工作来实现自己的人生理想和价值。这点是无可厚非的。我们只有通过工作，才能赚到薪水维持自己和家人的开销，也只有通过工作这种社会活动，才能不断地提升自身能力，确立自己的社会角色和地位。如果我们没有了工作，只能每天无所事事地在社会上游荡着，自然也就不会有光明的前途。而做好工作的前提，就是要做好一名员工，在职场中每一个员工是否优秀，是否成功都完全取决于他的敬业程度。敬业的员工，会把敬业工作当做是一种使命，这种使命会促使员工主动做好工作，为企业的发展做出贡献，在工作的同时，员工会因为敬业而提高自己的能力，增添生活的乐趣。

员工们一旦将敬业精神植入脑海，他们做起事情来就会积极主动，从而获得更多经验，获取更大成就，找到自己工作的价值。员工们要如何将“敬业”植入大脑呢？这就要求员工在工作的时候，要有“三心”，即对工作的耐心、恒心和决心。每个成功都不是一蹴而就的，敬业也不是一时的心血来潮，敬业精神的培养需要员工在岗位上长期爱岗敬业持续付出。

在工作中爱岗敬业能够赢得信赖，而企业的信赖却能造就员工的成功，一旦养成爱岗敬业的习惯，我们就能主动地对老板和企业负担起责任，对工作尽职尽责。只有这样，才能让自己培养创造出无限价值的能力，从而取得成功；另外，对于爱岗敬业的员工，老板也会给予你更多的福利和机遇，帮助你成长的同时为企业做出更卓越的贡献。

被誉为“世界上最伟大”的推销员乔·吉拉德说：“要热爱自己的工作，不要把工作看成是别人强加于你的负担，虽然是在打工，但多数情况下，我们都是在为自己工作。只要你喜欢，就算你是挖地沟的，这又关别人什么事呢？”的确，选择自己喜欢的工作，每天愉快的工作，不仅心情好了，还能获取报酬，更能不断地提升自己。优秀的员工就是懂得利用敬业的精神照亮工作的每一天，才会为自己创造出一个闪亮的职业人生。

3

敬业之道:第一次就把事情做对

“第一次就把事情做对”是著名管理学家克劳士比“零缺陷”理论的精髓之一。我们用什么来衡量一个人的工作,主要看他的工作效率,而不是看他工作的速度或者完成的数量。所以在最短的时间内做好工作,才是我们面临工作时应该采取的态度。第一次就把事情做对,减少返工和改正的时间,这是保证工作高效的唯一方式,也是每个员工对待工作的敬业之道。

在职场中,有很多人做事情都是需要多次返工才能做好。就好像我们扔垃圾一样,站在垃圾桶很远的距离向垃圾口扔去,结果没有命中,只好走到垃圾桶前把垃圾捡起来扔进去。实际上,这样还不如第一次我们走过去把垃圾扔进去。同样的道理,对待工作也要第一次就把事情做对,只有这样才会又轻松又有效。

在我们的工作中,应该尽量减少工作误差。改正工作误差无疑要花费更长时间,会增加我们的工作负担,使原本紧张的工作变得更加紧张,于是工作中的错误也有可能越来越多,从而使工作陷入恶性循环。也有不少人,在改正工作失误的时候,很难保持良好的心态,让自己陷入急躁、厌烦的情绪之中,而这些不良情绪也会对以后的工作产生极其严重的影响。

所以,我们在做事情的时候就要尽量第一次就把事情做好、做完美,并且养成这种良好的习惯。这样能给我们节省很多时间,能让我们少走一些弯路。

第一次就把事情做对,这是一种对工作精益求精的态度。当员工被告诫说:第一次就把工作做对的时候,许多人会说“万事开头难,做不好是很正常的”,如果持有这种思想,工作怎么可能高质量地完成?第一次没

有把事情做对，再重新去做的时候不仅浪费时间，还会形成浮躁心理。

安心亚是一家广告公司的经理，她曾经犯过这样一个错误：在一次广告项目中，由于完成任务的时间比较紧，在审核广告公司回传的样稿时没有仔细地核对，导致广告发布的时候，一个电话号码弄错了。印有客户服务部的电话号码打错了一个字，好在做后续工作的时候，安心亚偶然间发现了这个错误，但是她不得不放下当时手头上的工作去弥补这个错误，同时还连累了公司其他同事陪她一起解决这个失误造成的后果。就是这一个小小的失误，给公司带来了一系列的麻烦和损失，不过所幸的是发现得并不晚，否则麻烦一定会进一步扩大。

在工作的过程中，相信很多人都经历过第一次没有把事情做对，然后忙着改错，改错中又会发生新的错误，导致恶性循环，手忙脚乱搞得精疲力竭。第一次没有把事情做对，不仅会给自己带来很大的麻烦，还会给领导带来工作上的不便，甚至会连累其他同事，给他们带来不必要的麻烦。上司安排给你的工作，你不做上司就得自己做；你做得不到位，上司就会要你返工重做，这样会影响企业的正常运行，也会给企业造成经济损失或形象损失。

企业中，员工做好工作就是给企业创造价值，在这个过程中，制造错误或改正错误就会给企业带来损失，员工应该尽职尽责地做到“第一次就把事情做对”。

古语说：差之毫厘，谬以千里。很多时候，可能就是因为半步之差，就决定了你的成功和失败。所以，很多与安心亚相似的人，不要抱怨自己不被重用，或者总是感叹自己一事无成。而是应该做到经常反思自己是不是能在第一时间、第一次就把自己手头的工作做对、做好？其实我们在工作中，要随时保持一种只有一次机会的态度，这样我们就会义无反顾、全身心地投入到我们的工作中去。不要对自己的工作充满着激情，利用一切可以利用的条件，发挥自己所有的特长，用尽全力一次搞定工作，避免“瞎忙”。

很多人都有过这样的体验：自己很有才华和能力，而且也抓住了机会，但仅仅因为一次工作失误就为自己的工作造成严重的影响。当你第一次就没有把事情做对的时候，接下来你就需要修改、不断地完善。如果严重的话还可能让这个事情恶性循环下去，特别是在你在纠正错误的急迫心情下，更可能出现慌忙出错的现象。更可怕的是，你犯的这一次错误不仅使自己忙碌起来，也有可能打乱团队的工作计划，从而给公司带来不必要的人力和物力损失。

所以，第一次把事情做对是非常重要的事情，比如我们在工作中发布广告不小心记错了电话号码，这样就会有很多影响到公司的业务，而这部电话的主人接二连三接到陌生电话，骚扰电话，就有可能向有关部门投诉你所在的公司，使公司的名誉因为你的失误而受损。所以，我们无论做什么，都要在第一次就把事情做对。职场犹如战场，我们每一个工作的人都希望能在公司里得到认可，做出一些成绩来。当你不能第一次就把事情做对的时候，发展就会受到阻碍，梦想也会离你越来越远，而且还会受到别人的指责和批评，失去别人对自己的信赖。所以要养成良好的工作习惯，第一次就把事情做到位、做对。这样你将会得到老板的赏识和重用，并且展现出你的价值，同时也成就了你的未来！

4

赢在敬业：每天多做一点点

当我们完成了一天的工作的时候，往往还不到下班的时间，这个时候你会做什么？是停下休息还是争取再多做一点点工作呢？其实，别小看你每天多做的这一点点工作，它往往能在日后减轻你的工作负担，而且多做出来的这一点点工作，往往也能帮你赢得职场上的胜利。在工作中，付出与回报成正比，你比别人付出多一些，自己的提升就会快一点，同时为自己创造出的机会也就会多一点。

很多人觉得我们没有责任和义务在完成当日工作以后再多做一点，

诚然企业没有规定我们在完成工作任务外还需多承担一些额外的工作量,促使我们多完成一点工作的是员工对工作的主动性,工作主动性是良好而且珍贵的品质,可以让我们变得更加灵活,拥有一个积极向上的心态。不管你是管理层还是基层职员,每天多做一点点都将为你赢得更多的机会和收获。

王显友最初在泰勒公司工作时,职务很低,是最基层的员工。现在却已经成为总经理最得意的员工,并且担任公司的一家下属公司的经理。王显友之所以能这么快得到晋升,并不是他有超乎常人的智慧,而秘密在于王显友可以在工作上做到“每天多做一点点”。

曾经有人拜访过王显友,询问他成功的秘诀。王显友很平静并且简短地回答说:“在为公司工作最开始的阶段,我就留意到一件事情,每天下班以后,所有的同事都准时下班离开了,总经理却会在办公室能够做到很晚。所以,我决定每天下班后我也要继续在公司工作。虽然没有人要求我这样做,但是我觉得我应该留下来,在总经理需要我的时候给予他一些帮助。总经理在工作时常常需要自己查找文件、打印资料,但是后来他发现我在身边,而且愿意为他分担这些事情,时间久了也就成了习惯。”

总经理之所以会养成让王显友帮助的习惯是因为王显友会自愿地留在办公室里,让总经理随时可以看到他,并且不计酬劳地为总经理服务。可能有很多人会问,王显友一定也得到了自己的报酬吧!不,他没有得到报酬,但是王显友得到了更加有价值的东西。那就是得到了总经理的赏识和关注,最终获得提升。

可能很多人认为,在工作时用心完成自己的任务就可以了,实际上,只完成自己的工作是远远不够的,尤其对于刚刚参加工作的年轻人来说,要想取得以后的成功,就要培养自己每天多做一点点工作的习惯。在事业上取得成功的未必比别人有更高的智商,也不一定具备超人的资质,他们中很多人凭借的正是比别人多一点点努力和辛苦,然后就是这一点点的不同,让他们成为站在事业巅峰上的卓越之士。

俗话说:笨鸟先飞,这是一种能力和技巧,而对于员工来说,资质和能力不能代替一切，而只要我们具备了每天多做一点的敬业精神，就会赢得认可和掌声。所以，我们不要斤斤计较每天的工作量有多少，哪怕自己每天多做一点，日积月累也一定能看到成绩和效益。不要太在意自己所付出了多少，遇到问题也不要气馁，不放弃，即使回报没有那么明显，但只要坚持，就有可能掌握改变你一生的主动权。

对于多数人来讲，我们无法选择自己的家庭背景，无法选择自己的成长路径，但是我们可以选择自己以何种精神从事自己的工作，用何种态度去完成自己的工作。想要掌握自己人生的主动权就必须加倍付出自己的努力和汗水。许多成功人士的经验也恰好验证了每天多做一点工作，比别人多付出一点努力和辛劳的敬业精神，才是成功的不二法门。

5

敬业法则：忙就要忙在点子上

每当我们与好友见面闲聊时，询问对方最近工作如何时，往往朋友都会发牢骚一样地对你说："每天忙得不行，经常加班，很多事情做不完，有的时候还被领导训话。"实际上，工作忙碌是很正常的事情，尤其是在经济飞速发展的今天，人们的工作和生活节奏都在不断加快。然而同样是忙于工作，有些人会对每天的工作、每周的工作、甚至是每月的工作都已经做好计划，这种忙碌是有计划的，有步骤的。而还有一部分人却不知道该从什么地方开始忙，没有目标，很被动地在做领导安排下来的工作，尽管整天都忙个不停，但还是会被领导批评。

生活节奏越来越快，因此我们的工作要求也越来越高，人们更加注重工作效率。因此，我们在工作中应该养成有目标、有针对性的工作。无论是在哪家企业或者单位工作，都要学会忙到点子上，不做无用功，要忙出

成绩来，不断提高自己的工作效率。

所以，工作中，我们要忙得有规律。无论是什么样的工作，都有它的规律以及特点，我们要不断地挖掘以及研究这些规律特点，有针对性地工作，这样工作就会更加有效率。要弄清楚哪个阶段应该怎么忙，忙什么，哪些工作需要做到什么程度。不要忙于样子，要忙出成效。

有智慧的人做事情从不草率，更不推脱，不鲁莽，他们做事总是很有条理，一丝不苟，循序渐进。他们从不会盲目投入工作之中，而是在展开工作以前就已经把工作计划做好，有目的、有计划地去工作。而对工作没有计划，仓促行事的人，通常要花很多的事情才能把事情做好，做完，尽管这些人也会忙得焦头烂额，但是工作效果却并不好，原因是你没有忙在点子上。

有计划、目的地开展工作，实际上，这是一个人在工作中养成的习惯。这多半是我们在长期从事工作的过程中总结出的经验，也是我们顺利完成工作任务的窍门。所以，我们需要养成定制目标，有计划的工作。按照事情的轻重缓急来分配自己的工作时间，制定合理的工作步骤和目标。这样，自己又不用很累，也忙到了点子上，也会得到老板的赞赏。那么，我们如何忙到点子上呢？

(1)清楚并且理解自己的工作内容。

在工作中，我们要清楚自己的职责范围和业务内容。知道自己在工作中应该干什么，才不会让自己的工作陷入迷茫的困境，有助于我们做好计划。

(2)保存好每份资料。

要想让自己的工作更加轻松、有效率，就需要我们对资料进行妥善地管理和保存。工资资料不仅是我们每项工作的佐证，而且还有利用于我们对自己的工作进行总结和评估。

(3)合理地安排工作时间。

可以根据自己一周的工作时间，工作内容等等来指定一个适合自己的工作计划，什么时候应该做什么工作，要花多久的时间，剩下的时间该如何把握，没有完成的工作在什么时间内完成等等。一份清晰明确的工作时间表会让你的工作更加顺利有序进行。

(4)累计经验，提高工作效率。

想让自己在职场中有所作为，仅仅依靠埋头苦干的成效是很低的，我们应该寻找出最快最有效的工作方法。一个人在工作中长时间累计经验是他职业生涯中最宝贵的财富。

(5)做好工作日志。

每天下班前几分钟，可以把当天的工作内容进行整理。在职场中，有很多并没有多大才华的人，却比那些技术学历都高的人做得还要好，人们通常很不理解。实际上，这类人已经养成了做事井井有条的习惯。从来不盲目工作，学会充分利用时间创造出更大的价值，达到事半功倍的效果。记录工作日志正是这样一个帮我们养成良好习惯的工作，它能促进我们的工作更条理化，而且还会帮我们及时总结工作中的经验教训，因此做好工作日志也是保证我们高效工作的好办法。

6 爱岗敬业：将岗位责任落到实处

现在企业招聘员工的时候，既重视员工的知识与技能，又重视员工的责任感和使命感。在企业里，敢于承担责任，并有能力将责任落实到工作实处的员工，才是企业真正需要的人才。一名爱岗敬业，责任与能力兼备的员工，才会得到事业的发展和提升。

员工们身在职场中，公司给员工安排的每一个任务都是员工的一份责任。完成工作的时候，员工应该把这份岗位责任迅速地落实到实处，迅速地执行。把岗位责任落实到实处就需要我们有好的执行力。其实执行力就是一些有计划的事情需要我们行动起来。执行力是一种综合的职业素质，它由很多不同的岗位能力组成。

(1)领悟能力。

我们在做任何一件工作之前,首先要先知道我们工作的意图,然后找准目标把握好后做事情,有正确的方向,这一点是非常重要的。千万不要在不了解工作的情况下就开始实施,这样尽管你再辛苦,最后还是费力不讨好,很难获得好的工作成绩。所以我们在做工作之前一定要详细了解自己的工作,所谓知己知彼百战不殆,只有了解了工作,你才能有方向有计划地去做,这样就会起到事半功倍的效果。

(2)计划能力。

我们在执行任何任务和工作之前都要做好计划,把事情按照缓急有层次地做,做好计划,先做紧要的工作。而且要把眼光放长远一些,看到未来的发展。工作计划不止是每天都要制定,更要有长期的计划,日计划、周计划、月计划、甚至年计划等等。只要有计划有条理地去做事情,才能把大目标分成很多小目标,这样才能保证一项工作的顺利完成。

在工作的过程中,经常总结经验也是至关重要的。孔子云:吾日三省吾身。只有不断反省自己才能不断进步、完善。

(3)协调能力。

我们做任何工作,如果能按照以上所说的要求去做,那么工作就一定会很顺利地完成。但实际上,如果你是一个领导者的话,很多时间都要放在工作的协调上。协调不单只有公司内部的上级下级,还有部门和部门之间的协调,甚至与客户、其他合作单位以及竞争对手之间的协调。协调时,任何一方出现分歧都会影响到计划的顺利执行,所以协调能力也是非常重要的,只有只好协调才能实现共赢。

(4)创新能力。

创新能力是衡量一个人或者是一个企业在竞争能力上的重要标志和标准,除了提高执行力的能力以外,还要具备创新能力,在做任何工作的时候要有创新的心态和想法,更要在工作中,不断培养这种能力。创新能力是需要通过我们不断地学习来掌握的,这种学习和我们在大学里学到的理论知识是不同的,大学里的学习是要求我们系统地学习一系列的专业知识。而工作中,我们需要不断地在工作实践中发现问题,解决问题,总结经验,只有这样才能不断地提升。所以我们在做任何事情的时候都要认真地思考,有效地执行,把工作的职责落实到实处,这样我们才能快速前进发展。

由此可见，做好一项工作所涉及的因素很多，但是只要我们用认真负责的态度来对待每一项工作，甚至将责任落实到工作中的每个细节，才能保证工作的高效和优质。

第六章
工作就是要耐心：耐心带来能量，能量带来精彩

耐心是优质素养的体现，耐心是一种责任心，耐心更是一种无限的能量。耐心将伴随着我们走过一个个坎坷，伴随着我们从平庸走向不平凡。工作不但为我们获得了钞票，更多地是我们个人能力的提升。耐心工作是我们走向精彩的能量，使我们走向辉煌。

1

优秀员工都是有耐心的人

对于工作，每个员工都应该保持对工作的足够耐心，做事情和人的成长是一样的，都是从小事到大事一点点积累起来的，一步一步脚踏实地才能完成。作为一名公司的员工就必须要对自己所从事的工作负责任，做事情要善始善终，不能轻言放弃。无论我们在工作中取得过多么优秀的成绩，也很有可能因为一瞬间的松懈导致功亏一篑，前功尽弃。不管你是身处什么岗位，无论是一般职员还是管理层，在工作上唯一能取胜的武器就是有耐心，优秀的员工都是有耐心的。

每个职员都必须要对工作保持足够的耐心。做事情要稳扎稳打，没有人能一步登天到达顶峰，更不要眼高手低，好高骛远。也不要认为自己的能力很强，所以不屑做那些小事。这样的想法会阻碍你的发展和进步。只有立足自己的岗位从点滴做起，有耐心、认认真真地做好工作，才能成为一个有耐心的优秀员工。

年轻的约翰·洛克菲勒最初在石油公司工作时，没有任何学历，也没有什么技术特长，分配给他的工作也非常简单，就是去检查石油罐子的盖有没有自动焊接好。这份工作是公司里最没有技术含量，最简单，最无趣的工作，同事们笑话约翰·洛克菲勒说：5 岁的小孩子都可以做他的这份工作。

洛克菲勒每天对石油罐进行检查，然后再把这些罐子被送走，半个月以后他实在是忍无可忍，于是找到公司的老板要求给自己换其他的工作。但是约翰·洛克菲勒的请求被老板拒绝

了。约翰·洛克菲勒也没有办法只好继续做现在这样枯燥无趣的工作，约翰·洛克菲勒想，既然不能换工作，自己又没有什么学历技术，还不如把这份工作做好。

自此以后，约翰·洛克菲勒开始认真地观察石油罐盖的焊接质量，并且仔细地研究焊接剂滴出的速度与滴出的量。他发现，焊接好一个石油罐盖需要39滴焊接剂，约翰·洛克菲勒经过计算，其实只要38滴焊接剂就可以把石油罐盖焊接好。后来经过反复的测试与实验，最后约翰·洛克菲勒竟然研制出“38滴”焊接法，用这种“38滴”焊接法，每罐石油盖节约了一滴焊接剂。如此小的一滴焊接剂，一年可以为公司节省5亿美元的费用。洛克菲勒对工作的耐心和细致也使得年轻的他从此一步一步走向成功，直至成为著名的世界石油大王。

这个简单的故事就是告诉人们，职业的种类不是引导我们走向事业成功的唯一因素，而对待工作的态度才是决定我们是否取得成功的关键因素。如果你想成为一名优秀的员工，一定要对工作有足够的耐心，做好一份看似简单的工作，往往能够磨炼出良好的品质。

不要看不起简单的工作，要做好一份简单的工作却需要我们付出超常的耐心和努力，只有平凡才能成就伟大。所以，我们应该有耐心地从小事开始做起，为自己以后做大事打好基础。但有的时候我们在职场中，也难免会碰到困难和难题，面对这种情况，我们更应该耐着性子，保持良好心态，只有坚持到最后的才是胜利者。成为一名对工作有耐心的优秀员工，应该从以下几个方面做起：

(1)提高自身的能力。

当我们得不到到重用的时候，往往是受限于我们的工作能力。提升自己的工作能力可以从专业知识和工作实践两个方面着手。能力的提升是一个不能急躁的过程，掌握知识和努力实践的工作，需要我们用足够的耐心和毅力才能完成。

(2)谦卑做人，建立良好的人际关系。

在职场中，与同事建立良好的人际关系也是一个需要有耐心的过程。俗话说：日久见人心。在工作的过程中与同事们友好相处，为自己营造一个良好的人际关系环境是非常重要的。当我们步入职场，与同事从陌生到熟悉,直到成为工作上的伙伴,这不是一朝一夕的事情,需要我们投入时间和耐心才能做到。

(3)更加敬业,一刻也不能疏忽。

多数人的工作内容是重复和单调的,所以很容易在工作中出现懈怠和厌烦的情绪。只有用自己加倍的耐心和努力来消除这些负面情绪,才能保证我们能一直有出色的工作成绩。

(4)学会克制与忍耐。

在职场中,我们会碰到许多困难,比如领导的批评,同事不合作,工作出现瓶颈等等,这些都是职场上的正常现象。我们知道困境是磨炼人的性情的最佳机遇,如果抱着这样的想法,我们就能在遭遇困境时学会克制和忍耐。只有忍耐的人才会更加优秀,前途才会更加光明。

优秀的员工都是具有耐心的员工,在工作中,他们能耐心地寻找问题的解决方法,耐心地总结经验,在不断吸取教训的过程中成长,才是自我进步的源泉。耐心是员工优秀素养的体现,也是优秀员工的特质和共性。

2

浮躁的人很难做好工作

浮躁是存在于人们心中,不健康的心理状态。在工作中,我们所说的"浮躁"主要表现在员工做事情没有恒心,没有毅力,见异思迁,不安分守己,或者总是想方设法偷懒、投机取巧。形成浮躁的原因是什么呢? 不管你在社会扮演什么角色,当你在追逐利益的时候,难免会产生浮躁的心理,特别是在当下市场经济高速发展的时代,职场中的竞争也日趋激烈起来。在严峻的职场环境中,员工更容易出现浮躁现象。

有人说浮躁就像流行的"病毒"一样,不断有人被感染。甚至曾经老

实肯干的员工也有可能被浮躁传染，开始变得对工作懈怠，对工作敷衍了事，最终失去了对工作的热情。如果员工失去正确的思想导向就很容易浮躁起来，毕竟相比踏实而认真地完成工作而言，敷衍了事更容易混日子。但是员工一旦被浮躁情绪控制，就很难将自己的精力投入到工作中，长此以往，我们的职业道路也变得庸碌而缺乏意义。

浮躁的心态会影响工作的态度，而工作态度也决定着你的事业成功与失败。企业里，员工出现了做事浮躁的状态，就要及时的改正。想要克服浮躁心态，就要放低心态，甘于从低处做起，从小事做起。俗话说：看得高，摔得重。当我们的目标离我们的现实过于遥远，就会产生心理落差，滋生浮躁不安的情绪。那些眼高手低的员工，总是好高骛远，喜欢把目光放在高于自己能力的位置上，不愿意低下头，弯下腰，集中精力做好手里的工作。这样的工作态度只会使他们滞留在原地，无法前行。

为了做好工作，我们要怎样克服浮躁心态呢？

(1)克服浮躁，专注手中的工作。

克服浮躁，最基本的办法就是不要好高骛远，踏实的做好手中的工作，不要将自己的目标定得过高。一心做好眼前的工作，所谓“一心不能二用”就是告诉我们做事情要专心，人的精力都是有限的，想要做好一份工作，就要集中全力地付出，将自己的全部精力集中在一件事情上，才能够做好工作。

(2)克服浮躁，要有耐心。

浮躁是一种情绪，克服浮躁首先就要求我们有足够的耐心，如果员工在工作的时候，因为浮躁的情绪，而无法平静下来的时候，可以利用心理暗示法，不断提醒自己保持平和心态，集中注意力从最简单的工作慢慢做起。

(3)爱岗敬业，克服浮躁。

优秀的员工很少会出现浮躁的情绪，因为优秀的员工都具备敬业的职业道德，会用积极的态度对待工作中的各种情况。不管遇到什么问题，不管接到什么任务，他们都会积极地去完成。

在职场中，不管你从事的是什么职业，你的工作环境如何，完成工作任务都是员工的基本职责。“合抱之木，生于毫末。九层之台，起于垒土”这句话的意思是说两个人才能抱起来的大树是由小树苗生长起来的；九层的高台是由泥土累积而筑起的，不管你要建几层高台，你都得一砖一瓦的累积，这个过程是无法偷懒的。我们的工作和事业也是相同的道理，取得事业成功，除了努力工作之外，并没有多少捷径可走。我们不管做什么工作，都要有良好的心态，即使工作简单而枯燥乏味，也要静下心来，不急不躁地完成。

成功者的经验也告诉我们，不管能力有多强，都要从最基础的做起。在职场里，想要一步登天几乎是不可能的事情。任何员工想在企业里脱颖而出，唯一的方法，就是积极做好一切工作，做到今天的工作今天完成，对工作抱着高度敬业精神，摆脱一切不良情绪的影响，才能步入事业成功的殿堂。

3 当好士兵才能够当好将军

所谓“心有多大，舞台就有多大。”任何时候，一个没有上进心的人是不会取得成功的，在职场中，如果你没有想过自己给自己的职业规划一个远大的前景，不为自己的职业设立一个目标，那么，你一辈子都只能是个员工。拿破仑说：不想当将军的士兵不是好士兵。同样的道理，不思进取，没有更高目标的员工不是好员工。

然而成功不是一蹴而就的，一名优秀的将军，首先是一位优秀的士兵。而一名企业的优秀管理者也只有当好员工才能胜任。

英特尔公司总裁安迪·格洛夫应邀前往加州大学伯克利分校为毕业生做演讲的时候，他说道：“不管你在哪里工作，都别把自己当成员工，应该把公司看做是自己开的一样。”的确，员工以老板为榜样，以老板的心态去工作，就会赢得老板的信赖。一个让老板信赖的员工，才是老板委以重

任的员工。

如果员工在工作中,不为制定更高一点的工作目标,每天觉得工作只是在完成老板交代的任务,或者认为工作太多,薪水太少,每天按时完成工作只是为了薪水,不去为自己的理想奋斗,那你就不会主动学习,主动提升自己。这样的员工不管你想不想当老板,你都无法成为老板。

在职场中,员工只有通过不断努力来提高自己的能力,努力成为一个优秀的员工,为自己实现职业理想奠定基础,否则,一切皆是纸上谈兵。

那么,一名员工想要成为领导者,除了具备高效率的工作能力和对企业尽责的责任感以外,还需要具备哪些条件呢?

(1)良好的职业素质。

作为员工,对工作敬业是养成良好的职业素质的前提条件,同时还要注重培养对公司忠诚,同事之间的团队协作精神等等。敬业是一个优秀员工最基本的素质,一个人能不能做好一件事,要看这个人愿不愿意做、是否会做、做到何种程度。敬业就需要员工对工作肯做,会做并且时刻为自己制定更高的工作目标。一名优秀员工能在工作中肯吃苦,对公司忠诚,认同企业文化以及管理模式,把个人的命运和公司联系在一起,热爱自己所在的企业,更要热爱他现在所从事的职业。一名优秀员工不会为了工资而去工作,他更看重在工资背后那无价的成长机会和发展前景。所以,做一名企业里的好士兵,好员工,要认清工作是为了自己而工作的,并且善于运用团队的力量来帮助自己实现更多的价值,他们明白集体的力量才是最大的。

(2)服从公司安排。

作为一名员工,应该服从公司和领导的安排,并且认真完成领导交给自己的工作任务。公司是有组织、有制度、有目标、有纪律的整体。我们在公司里,不能由着自己的性子,散漫行事,不服从管理。服从管理,服从制度是一名员工的天职,因为企业是一个有机整体,如果一位员工拒绝服从制度或者管理,就有可能给整体集体甚至企业带来负面影响。所以,当你面对领导所分配的任务,应该虚心接受,并且立即执行,一丝不苟地完成工作。有时候我们可能对领导的工作安排不甚理解,充满疑惑,面对这种情况,一名好员工会绝对服从命令,放下疑惑,努力完成工作任务,让自己在用心执行的过程中,慢慢理解领导的用意。

(3)严厉要求自己,努力提高自身能力。

古语说:“工欲善其事,必先利其器”。这句话的延伸意思是说:想要做一个人优秀的人,一定要有过硬的基本功。在当今社会下,只有过硬的技术才是我们立足企业的资本,而且随着工作实践而不断升值。当今社会经济的快速发展,使得职场的竞争越来越激烈,我们只有虚心地学习各种专业知识,不断积累对我们有用的知识和技巧,不断提高自身水平和竞争力,才有资格从一名企业中的好士兵成长为将军。

人的一生有近三分之一的时间在工作,工作是一个人一生当中最重要的社会活动。但是,许多人在这段漫长的工作历程中一直平庸,没有作为。也有些人从步入工作岗位那天起就为自己制定了远大的目标,然而成功并不是一个目标和口号,需要我们为达成愿望而努力实践,按照自己心中的目标去奋斗,这样才能从一名好员工成长为好的领导者,好的将军。

4 面对困难:从容面对

在工作中,我们常常会遇到很多困难,当我们在工作中遇到这些困难的时候,应该多寻找解决的办法,而不是找借口或给自己编造逃避困难的理由,同时也要从容地面对这些困难。有这样一句话说得好:办法总比问题多。当我们遇到困难的时候,从容应对,冷静下来,积极思考解决困难的方法,相信任何事情都会迎刃而解。

我们在工作中,总会遇到麻烦和挫折,我们在遇到挫折的时候最重要的是有耐心、不放弃、坚持下去。挫折指的是我们在满足自身需要的时候所遇到的阻碍以及干扰,使我们的个人目标不能顺利实现,个人的需要不

能够得到满足。现代生活中，任何一个人都可能遇到挫折和失败。比如：你的公司突然需要裁员，而你就在被裁掉的名单中。尽管你每日很辛苦地工作，但是在公司的眼里却认为你的付出是没有价值的，就算是曾经做出的成绩也被否定掉了；或者你为了工作付出了很多，发现自己无论如何都不能把工作做好，于是就换了很多工作，越换越觉得不适合自己，让自己倍感迷茫等等，这样的工作经历都会让你产生挫败感。这样的挫折和坎坷对心理素质不好的人来讲，就如同一场灾难，很多人由此就会对自己产生怀疑，甚至因此自卑消沉。

中国四大奇书之一《周易》中曾写道："天行健，君子以自强不息"。意思是说，天，永远都在不停地运动而变得强健，一个君子也应该不停地奋发向上。身在职场中，当我们面对挫折、打击的时候应该从容冷静地看待它们，不能被困难所击败。真正能成就一番事业的人是不会被一时的成败所困扰。很多时候，打倒我们的不是那些可怕的挫折，而是我们面对挫折和困难的态度。

当我们遇到困难的时候，总会有人安慰我们说：人的一生是没有一帆风顺的，都会遇到很多的困难、挫折，只要我们选择从容面对，不惧怕困难，和困难作斗争，那么一切都将不是问题。在当今社会的快步伐下，市场的竞争是越来越激烈，就像残忍的厮杀一样，只有强者才能生存。没有人可以轻松地、没有压力地把工作做好，也没有人能轻易成为佼佼者，只有经过不断努力奋斗，不停地战胜困难，才能让自己有一个美好的明天。

张玉瑾初到深圳机械装备公司从事业务员工作的时候，因为还是在试用期的阶段，所以，没有太多的机会揽到很多的业务。深圳机械装备公司的总经理从一些渠道中得到了一个消息，西部地区的山峰城需要他们机械装备公司的机械设备产品，于是想派人员前往进行市场调研，公司里的业务员都知道这项任务绝不是容易的事情，当地的生活条件非常不好，而且当地经济落后，有实力购买公司产品的单位也不多。因此，大家都找了各种各样的理由把这项任务回绝了，有的说自己手上的案子太多需要跟进，有的说家里有特殊事情需要自己在身边。张玉瑾看到了这样的情况觉得是很好的机会，虽然他也了解此次调研成功的可能性不高，但是不服输的张玉瑾还是主动向总经理提出了请求,接下了这项非常艰巨的任务。

张玉瑾到了西部的山峰城,他才发现,这西部山峰城比他想像中的还要糟糕,几天下来,已经让他有了度日如年的感觉。更让张玉瑾灰心的是他跑断腿联系的几家工厂,都没有与他签订购买合同,虽然尽了最大的努力,也就只有一家签了初步合作的意向书。

张玉瑾回到单位以后向总经验汇报了工作结果,由于他敢于接受高难度的工作任务,不找理由和借口,总经理并没有责怪他。相反,还对他的工作给予了肯定,总经理觉得张玉瑾有上进心,责任心,敢于接受高难度的挑战。试用期过后,张玉瑾很顺利地成为了深圳机械装备公司的正式员工。从这以后,张玉瑾在工作上表现得更加积极,公司也对他更加青睐。很快,他就能独当一面,被深圳机械装备公司任命为一家分公司的经理。

这个案例提醒我们,在工作中,遇到困难不要总是找借口回避、逃避。工作本身就是学习知识的过程,担心自己做不好,甚至是不敢去尝试的员工,永远都不可能进步,更不可能做出什么成绩来。那些总是找很多借口的员工,往往习惯强调工作中的困难,遇到困难不想办法克服,而是逃避、找借口给自己找台阶下,这样的员工很难在企业中寻找到自己的立足之地。

我们身在职场中,遇到挫折和困难是在所难免的。每个人都会在职场中遇到或大或小的挫折和困难,但是每个人对待挫折和困难的态度却并不是一样的。有的人遇到挫折和困难之后,想方设法地寻找克服困难的方法,并且很快就能够从挫折中站起来,那些挫折和困难,不会影响自己工作的积极性和主动性。但是有的人遇到挫折和困难的时候只会消极地应对,尽量逃避责任,把责任推给别人,或者自怨自艾,怪环境不好,总觉得自己是最倒霉的一个;还有的人遇到挫折和困难的时候就一蹶不振,萎靡下去,失去了进取心,这样的人不管在什么领域都是注定失败的。

在职场上,受到挫折后如果不能及时、有效地调整好自己的心态,不但会影响到个人的工作,还会给企业带来损害。甚至当你把自己受挫的情绪带回家的时候,你的家人也会受你的影响,这样你就是把工作上的不顺带回了家里,直接影响了你的家庭生活。

其实工作上的难题，都是有解决的方法的。只要你敢于面对困难，从容地面对挑战，就能够突破自己，完成任务。不要一遇到挑战就退却，也不要总把“难”字挂在嘴边，要有信心提高自己的斗志，提高自己克服困难的勇气，从容不迫地面对困难，相信任何问题都会解决。如果没有面对困难的勇气，那么这个人在遇到困难的时候就只会低头、投降，最后也只能是一事无成。要知道，勇于面对困难的人才能赢得明天的灿烂。

5 有耐心不放弃：持之以恒才会成功

现今的企业，需要员工们团结协作完成一项工作的形式越来越普遍。在一个工作团队里，有时候是需要我们坚持自己的意见和想法的，但是更多的时候，是要我们学会并且懂得放弃。在这个世界上，有很多的东西是需要我们去坚守、坚持的，比如我们的信仰和理想以及对美好事物的追求。俗话说：世上无难事，只怕有心人。这里的“心”，指的是信心、恒心、做事情，有了信心和恒心，就能够攻无不克，战无不胜。当我们面临工作的时候，只要不轻易放弃，再困难的事情也能成功。只要敢于坚持，毫不退缩，再大阻碍都能消除掉。

反之，如果做事没有恒心，遇到困难就打退堂鼓，那么再简单的事情也很难办成，再容易的事也会变成困难的事情。恒心指的是具有坚强的毅力、百折不挠的精神和坚贞不屈的品质，想要成就一番大事业，想要自己的人生之路充满阳光，就要学会拥有一颗恒心。

一个人之所以失败，绝不是上天的惩罚，而是关键时刻自我放弃；一个人之所以成功，也绝不是上天的恩宠，而是矢志不渝地坚持最初的目标，绝不轻易放弃。因此，不管是在生活中还是在工作中，千万不能抱有侥幸的心理。这个世界上的幸运者和成功者，大多是辛苦努力、勤于付出的人，而不是那些畏首畏尾、懒惰成性的人。只要坚持到底，就能看到未来的希望之光。

1905年，洛伦丝·查德威克成功地横渡了英吉利海峡，因此而闻名于世。两年后，她从卡德那岛出发游向加利福尼亚海滩，想再创一项前无古人的纪录。

那天，海上浓雾弥漫，海水冰冷刺骨。在游了漫长的16小时之后，她的嘴唇已冻得发紫，全身筋疲力尽，而且一阵阵战栗。她抬头眺望远方，只见眼前雾霭茫茫，仿佛陆地离她十分遥远。现在还看不到海岸，看来这次无法游完全程了。她这样想着，身体立刻就瘫软下来，甚至连再划一下水的力气也没有了。

"把我拖上去吧！"她对陪伴她的小艇上的人挣扎着说。

"咬咬牙，再坚持一下，只剩下一英里远了。"艇上的人鼓励她。

"你骗我。如果只剩一英里，我早就应该看到海岸了。把我拖上去，快，把我拖上去。"

于是，浑身瑟瑟发抖的查德威克被拖了上去。小艇开足马力向前驰去，就在她裹紧毛毯喝一杯热汤的工夫，褐色的海岸线就从浓雾中显现出来，她甚至都能隐约看到海滩上欢呼等待她的人群。到此时她才知道，艇上的人并没有骗她，她距成功确确实实只有一英里。

上小学的时候老师就教过我们"行百里者半九十。"意思是说一百里路程，走了九十里才算完成了一半。比喻做事越是接近成功越是困难，最后的那段路，往往是一道最难跨越的门槛。其实每一个人的一生中，无论工作或生活，都会或多或少地出现这样那样的极限环境，或者说极限困境。有的时候就需要那么一点点毅力，一点点努力和坚持，成功就能触手可及，而不是充满遗憾地擦肩而过。

做事情需要坚持，不放弃就会成功，这句话并不是天方夜谭，但是能够按照这句话行动起来的人却没有几个。要知道耐心和坚持，需要的不是一时的冲动，而是一种长久的耐力。持之以恒是一种习惯，一种精神。

员工们只有学会让自己养成坚持到底的习惯，就能够在企业里逐步提高，如果员工们能够为一件事情付出了很多，而且敢于坚持到底，付出自己的全部精力，那这份工作你一定能够出色完成。

人们常说"当你在最困难的时候，往往就是离成功最近的时候。"的确，成功往往都是在自己感觉坚持不住的时候，再坚持那么一下子，就可以了。因此，想要成为出色的员工，就要时刻告诫自己：要敢于选择，敢于挑战，敢于坚持，不要轻易地放弃自己所坚持的东西。只有这样，才能感受到成功的味道。

在生活中，当你做一件事情的时候，即使拥有百分之九十九的成功欲望，却有百分之一的放弃念头，你都很有可能会遭遇失败。因为，很多时候，成功和失败就在一念之间，当我们选择了放弃的那一瞬间，那么所有成功的可能就与我们失之交臂了。这些人往往在最关键的时候，被眼前的障碍所吓倒，不懂得再坚持一步，不懂得去克服困难，不懂得去排除障碍。当最困难的时刻到来之前，他们就已经"倒下"了。这些人，都是自己打败了自己，他们失去了原本属于自己的成功，放弃了即将到来的机会，这是一件非常可悲的事情。

无论做什么事情都是一样的道理，只有坚持下去，才会在自己平凡的岗位上，做出一不平凡的业绩来。

王宇周围的朋友都喜欢去海底捞吃火锅，不为别的，就是因为海底捞的服务特别的好。有一次，和朋友去海底捞吃饭，朋友说他在网上看到有人去海底捞吃饭，感觉海底捞的筷子很特别，便问服务员，能不能把手里的筷子带回家。没想到服务员却说："对不起，不可以，因为您手里的筷子是用过的，如果您喜欢，我可以给您拿双新的。"听完朋友的话，王宇不以为然，他觉得商家的揽客宣传很多，网络上的宣传更不可信。

王宇是某公司的销售部经理，学习过不少销售方面的理论知识，他知道如果一家企业没有一个持之以恒的销售理念，是不可能具有市场生命力的。就像网上的这则新闻，很有可能只是一个特例或者商家的炒作，并不代表海底捞的员工们具有持之以恒的销售理念。与此同时，有个调皮的想法闪过王宇的脑海。

吃完饭付钱的时候，王宇跟服务员说："我想要你们家的筷子，可以吗？"当时王宇的朋友在旁边忍不住笑了。服务员却依旧微笑地说："筷子是我们的固定资产，一般情况下是不可以给您的。"说完就转身离开了，回来的时候手里拿着包装好的筷子。王宇当时和朋友相视一笑离开了。从此海底捞成了王宇招待客户的专用餐厅，因为他信服一家坚持自己理念的餐厅会为顾客提供最好的服务和菜肴。

很多人都说，海底捞火锅之所以经营得那么成功，就是因为一直以来都坚持着服务至上的理念。的确，海底捞的员工十几年来一直坚持着"服务至上，顾客至上"的理念，才会有今天卓越的成就。

如果一个人，始终坚持自己的信念，并且坚持为实现理想而奋斗，那他过完的每一天就离自己的梦想近了一步。企业里任何一名员工，如果也像海底捞的员工们一样，始终如一地坚持着自己的服务理念。工作敬业有耐心，坚持维护企业的利益不放弃，就一定能够在持之以恒的累积中不断的进步，就会在任何时候都知道自己的使命所在，就能够更好地为企业增辉，为自己喝彩。

第七章

工作决不能懈怠：永葆工作干劲，每天都是“凯旋日”

工作对有的人来说是平淡无奇的经历，每天固定时间的上班、下班是一种习惯，也是一种消磨和打发日子的方式。然而有些人则把工作当成是帮助自己成长和完善的过程，他们能在工作的每一天中都有所收获。这两种人对待工作的态度也截然不同，前者工作懈怠消极，后者则充满了工作干劲。说到底，只有充满工作干劲，消除懈怠情绪，才能让我们的每一天都充满希望和收获。

1

每天不懈怠，每天有收获

所谓“不积跬步，无以至千里；不积小流，无以成江海。”这句话的意思是：如果行路时，一步都不想走，就没有办法到达千里外的地方；如果没有无数条小河流汇聚一起，就不会形成江海。它比喻做事要有耐心，慢慢积累工作成绩，总结经验，才能有所成就。员工在工作中，想要成功，也需要每天坚持不懈怠，这样每天才会有收获，才能够在不断的实践中提升自己。

在我们的职业生涯中，已经小有成就的人都具备这样的特质，那就是不懈怠、专注。这是很多人都说得出来但却做不到的，真正成功的人恰恰是做到了这一点，虽然不懈怠看起来很简单，但是真正做到是很难的，所以成功的人少之又少。

细节可以决定成功与失败，人生最大的遗憾就是浪费自己的时间，然而我们也不要自作聪明，在面对诱惑的时候要克制住自己，如果选择性太多，就要专一地做我们所选择的，否则可能会一事无成。

在当今社会，有很多智商高的人，但是打拼了很多年却还是没有什么成就，就是因为他们缺乏做事的专注精神。认为自己很聪明，往往会聪明反被聪明误，不光浪费了自己的才能，还浪费了自己的宝贵时间。所以，我们对于工作不要懈怠，只有不懈怠地做事，每天才能有收获。零缺陷的工作是没有任何捷径可走的，只有踏踏实实、不懈怠地把每一个环节的工作做好。

卡菲特刚到ATT电子技术有限公司工作的时候，他很努

力，对工作也很专注，任何事情从不懈怠，卡菲特凭借自己的努力慢慢地赢得了老板的信赖。现在，老板非常看重卡菲特。不久后，老板把卡菲特提拔起来做了销售部的经理，工资待遇翻了好几倍，而且老板还给卡菲特配备了专属汽车。

卡菲特在升职后的一段时间里，跟以前一样的努力工作，不会放松任何一件事情，还是像以前一样忙碌，坚持将事情做到最好。没过多久，很多同事就跟卡菲特说：“你怎么这么傻呢？你现在已经是经理了，把事情都交给你的属下做就好了，再说你做得再好，他们也不会觉得你好。”卡菲特最开始没有在意这些话，但是不断有人在跟他说同样的话，卡菲特想一想觉得很有道理。于是卡菲特学得“聪明”了，开始在工作上投机取巧，学会如何观察老板，如何迎合老板，再也不像以前一样，把心思全部放在工作上了，而是每天把心思都放在了怎样揣摩老板的事情上。如果老板比较看重某件事情，卡菲特就会认真并且一点都不懈怠地把这件事情做好，如果老板对有的事情不多过问，那么卡菲特就草草了事，甚至不去做。这样，时间久了，老板发现卡菲特变得不再那么忙绿了，而且工作也不再有进步，而是把主要精力放在与自己套近乎上，老板意识到那个工作不懈怠的卡菲特已经变了，最终老板只能无奈地将卡菲特辞退。

每个人都希望在自己的事业上取得成功，事业不同于别的事情，事业的成功是没有办法用金钱买到的。每个人对待工作和事情的态度是我们可以把握和选择的，选择不懈怠地完成工作就会让我们为自己的成功添加筹码。就像田径运动员一样，在赛场上的胜利是每天坚持训练的结果。工作也如此，把每天的收获累计起来，将会有更大的成功等着你。

2

不懈怠从不“瞎折腾”开始

我们说如果员工在工作时不确立目标，经常做没有效率的无用功，就是“瞎折腾”。但是想要做到不“瞎折腾”并不是那么容易的，这要求我们要找准自己的目标、定位，在最有限的时间内把自己的工作价值最大化。当我们开始一项工作的时候，应该学会抓住工作重点，并为自己制定可行的目标和计划，踏踏实实地做好自己的工作，这样才能看到工作的成果。我们的工作时间是有限的，不要让“瞎折腾”把我们宝贵时间浪费掉，以免当成功离我们愈来愈远时，才深刻地体会到“瞎折腾”的危害性。

有些人很明确自己的工作目标，知道自己当天的工作内容和标准是什么，但工作效率仍然很低，这是什么原因呢？出现这种现象的原因应该是在执行工作目标的环节上。也就是我们是不是用自己的主要精力和时间来完成自己的工作目标。比如一名汽车驾驶员，他的主要工作是运送货物，但是他把过多的时间花费在擦车上，以致完不成运送货物的工作任务，那么他无疑就是在“瞎折腾”。当然，保养车辆也是驾驶员的职责，但擦车的工作与运送货物相比起来，后者才是他的工作重点。

张晓林在公司里是一个颇有争议的人，同事们对他的评价不一。有人说他乐于助人，为人热情善良；有人说他工作能力太差，每次业绩考核总在全公司的最后；也有人说他做事认真仔细，一丝不苟；还有一些人说他工作责任心差，做事拖拉懈怠。

仔细看看这些评价，似乎张晓林是一个很矛盾的人，他的优点和缺点都是相对应的。那么他究竟是一个什么样的人呢？

张晓林喜欢助人不假，上班以后他经常帮同事们打开水，清扫办公室卫生，而且他做这些事情的时候往往很认真，办公室经过他的打扫可以说是窗明几净，一尘不染。这样看起来他还真

是一个做事认真仔细的人。但是再看看他的工作，就完全不是那么回事了。

由于他总是把时间花费在打扫办公室，帮助同事这样与工作无关的事情上，所以尽管他看起来也很忙，但是也耽误了做工作的时间。所以他总是完不成工作任务，甚至会拖同事们的后腿。

有人说，张晓林虽然不能按时完成自己的工作，但是他也没有闲着，所以不能责怪他，然而公司第一批裁员名单里就有他。

很多与张晓林关系较好，平日里被他帮助的同事都为他抱不平，甚至为了他的事情找到经理去理论。经理听了员工们的意见，笑着说：“你们说军人以保家卫国为天职，学生以学习文化为天职，作为企业员工的你们，应该以什么为天职呢?”员工们听了经理的话都默不作声了，确实，张晓林虽然为人很好，但是工作是他的弱项，作为一名员工，他确实没有能够分清主次，把最重要的工作放在一些闲杂事情的后面了。

经理看了看沉默的员工们接着说：“我承认张晓林是一个好人，甚至是一个品质非常优秀的人，裁掉他，也让我非常难过和矛盾。但是我们之所以要裁他，就是要员工们明白：一个员工的职责是认真努力地工作，除此之外做的任何事情都是无用功，也是瞎折腾”。

伟大的哲学家马克思说过，他一生中最大的性格特征就是目标始终如一。的确，他的这种性格坚定了自己的政治信仰，凭借顽强执著的追求，努力拼搏不懈怠，不动摇、不气馁、不放弃的毅力，为人类留下了宝贵的精神财富。而目标始终如一，不懈怠、不瞎折腾，这应该是所有成功者所具备的坚毅性格。

工作上，如果想要取得成功，就一定要有不懈怠的精神，告别“瞎折腾”。很多员工都说“我不知道自己要做什么。”的确，分不清工作的重点，不知道工作孰轻孰重是导致“瞎折腾”的因素之一。这样的人总是在重点工作之外的事情上花费时间和精力“瞎折腾”，最终导致自己一事无成。所以员工首先要自己绘制理想蓝图，为实现目标而努力，你就会发现你的潜力和才能都在拼搏中复苏。

只是,为自己设定目标,一定要立足现实,否则你就陷入"瞎折腾"的境地。如果你的目标脱离实际,也会让我们为不可能实现的目标浪费自己的时间和精力,虽然在这个过程中我们也许非常努力认真,但因为没有实际效果,也使得这些工作看起来更像"瞎折腾"。

据说二战后,英国因为战争食用油异常匮乏,很多人都难得吃到油煎鱼和薯条。当时,有个政府官员坐飞机视察英国的非洲殖民地的时候,看到坦噶尼喀那里植被茂盛,认为那里是种植花生的理想之地。于是他把自己的想法告诉政府,政府也听从了他的建议,拨款投资了6000万美元,打算在那里开垦出1300万公顷的土地种花生。

可是那片灌木林里的灌木比常见的灌木坚硬多了,开荒人员费了好大的力气才开垦出原计划1/10的土地。在开垦的过程中,人们除掉了一种野草,后来才知道,那种野草能够保持土壤中的养分,除掉它土地便没有之前肥沃,而且破坏了生态平衡。

尽管这样,英国人还是坚持在开垦出来的土地上种了花生。只是原计划年生产100万吨花生,可是到头来总共只收了9000吨。人们见花生收成不好,便改种棉花、大豆、烟草等。可是这些农作物在那片土地上依旧无法茂盛地生长。经过一番折腾,英国政府终于在1964年终止了这个开垦计划,不过他们为此损失了8000多万美元。

这个例子告诉我们,如果我们的工作目标在制定之初,没有仔细斟酌和考察,导致目标脱离实际,最终只能让不懈怠地努力变成"瞎折腾"。任何目标都是不可以凭空设定的,一定要切合实际。脱离实际的奋斗,结果只能是失败。

工作不懈怠不"瞎折腾",就是在现实的基础上实现自己设定的目标。立足于现实,以积极的状态,饱满的热情全身心地投入到工作中,始终坚持最初的目标,奋斗不偏离实际,就一定能够实现理想。

在生活中,不要忽略能让自己获得成功的因素,也不要低估工作的难度。有些人总是会把工作看得过分简单,因此没有全身心地投入进去,这才导致自己的工作效率不高。其实,我们在工作上的经验就像一个雪球

一样，随着不断地向前推进，雪球便越滚越大。所以，每个人都应该全身心地投入到自己的事业当中，随着不断地奋斗和努力，自己的工作经验也就越来越多，工作起来也就更加的简单，更加顺手，也就不会“瞎折腾”。

3 找准目标，拒绝懈怠

人的潜能是无限的，但一个人的精力以及时间却是有限的，任何人都不会成为无所不能的超人。其实一个人只要能把自己有限的时间和精力都投入到一点上，那么成功也就垂手可得了。聪明的人都知道专注有多重要，他们在做事情的时候，从不会一心二用，只是专心致志地做手中的这件事情，一个人只有专心致志地做一件事情才能获得成功。

无论是对于企业还是个人来说，只有集中所有的精力向自己的理想和目标前进才能收获更多的成就，顺利实现我们心中的目标。当我们离目标比较遥远的时候，可以将大目标分成几个小目标来做，这样一个阶段一个阶段地努力完成，就会轻松得多。

在1984年的东京国际马拉松比赛中，日本的选手山田本一夺得了世界马拉松比赛的冠军。亚洲人在长跑项目中从来不占优势，所以这一结果让大家感到出人意料。随后山田本一也成了焦点人物，当记者采访山田本一是如何取得了这么惊人的成绩时，山田本一说：“是我靠自己的智慧取胜，拿到了冠军。”很多人都觉得这个山田本一是故意卖关子，马拉松比赛拼的是耐力的运动项目，只要是身体健壮而且有耐力都有得冠军的希望，山田本一说是凭自己的智慧取胜让大家觉得这种说法很勉强。

两年以后，意大利的马拉松比赛在米兰隆重举行，山田本一再一次代表日本来意大利米兰参加比赛，在这次马拉松比赛上山田本一同样获得了世界冠军，拿到了金牌。记者再次采访山田本一是如何取胜，有何经验的时候，山田本一用上次同样的话告诉记者是凭借自己的智慧战胜了敌人。第二天报纸就刊登了山田本一的夺冠的事情，对山田本一说的凭借“智慧”取胜表示很不解。

几年之后，这个谜底终于揭开了。山田本一在自己的自传中写道：“我每次比赛之前，我都要坐车仔细看一下路线，并且把路边比较明显的标志物画下来，比如第一个是一棵大树，第二个是饭店，第三个是学校等等，一直画到胜利的终点。当比赛开始的时候，我就用比较快的速度向第一个目标冲去，这样一直画到赛程的终点。比赛开始后，我就以百米速度奋力向第一个目标冲去，过了第一个目标以后用同样的速度奔向第二个目标，接着是第三个等等。一共四十多公里的赛程，把他分成很多个小目标来分别完成，这样跑起来就容易得多，这也就是山田本一之所以可以连续拿到马拉松冠军的原因。”

实际上，山田本一的成功经验是浅显的，并不深奥。他只是把一个大的目标分解成很多小目标，因为小目标往往比较容易实现，而且当自己顺利达成一个小目标的同时，也会增加自己的信心，正是化大为小的目标分解法帮助他取得了最后的胜利。仔细想一想，我们做任何事情都是如此。

火箭能飞向太空需要一定的速度和动力。最初航天科学家们经过计算，最后得出了结论：火箭的自重量至少要100万吨，这么巨大笨重的东西是怎么样都无法飞上太空的。所以，在那段时间里，科学界认为火箭是不可能被送上太空的。后来，有人提出了“分级火箭”的想法，这个想法让大家豁然开朗。可以把火箭分成几级，把第一级送到大气层的时候自行脱落下来减轻重量，这样其他部分就比较容易送往太空了。

其实，有的时候，只要我们找准目标，并把一些看起来很难实现的大目标，分解成很多小目标，分别来完成，这样就可以把看似做不到的事情变成可能。

我们在日常工作中，经常会被各种乱七八糟的事情所困扰，有很多人由于没有好的方法，把自己弄得很累，心情烦躁，不能静下心来做好工作。

实际上是因为没有目标而变得懈怠了。其实,只有了目标,按照目标一点点地去完成,事情都可以很容易地解决。

4 空杯心态:一切从现在开始

“空杯心态”是心理学中的一种心态。什么是空杯心态呢?相对于职场上的员工来说,不管自己以往的业绩多么辉煌,都要有一个从零开始,从现在开始的决定和魄力,这样才能给自己创造更大的提升空间,使自己的战绩不断扩大,成为职场的优胜者。“空杯心态”的具体应用方法,就是把自己想象成“一个空着的杯子”,不能骄傲自满,看轻别人,将以往的一切成绩和挫折归零,这样才能取得更好的成绩。

为了更加深刻地了解空杯心态的涵义,我们现在来看下空杯心态的来源:说古时候有一个人,自以为他的佛学造诣很深,有一天他听说有个寺庙里有位德高望重的老禅师,于是便前去拜访。到了寺庙是老禅师的徒弟接待他的,他一看是个小徒弟,态度不免傲慢起来。心想:我的佛学造诣很深,你算老几?后来,老禅师十分恭敬地接待了他,并亲自给他沏茶。可是在倒水的时候,杯子里明明已经满了,老禅师还是不停地倒。他很不解地说:“大师,杯子里的水都已经满了,你为什么还要往里倒?”大师这才停止倒水,看了他一眼说:“是啊,既然已经满了,干吗还要倒呢?”禅师言下之意,就是既然你已经很有学问了,干吗还要到我这里求教?

这个小小的故事告诉了人们一个道理:想要成功,就要从现在开始舍弃过去的荣耀和挫折,因为舍去之后,才能得到更多。我们身在职场中,有的时候在自己最成功的时候会得意忘形,而保持“空杯心态”才是能让我们不断提升的最好方法。我们知道一个装满了水的杯子是没有办法再装进水的,只有把杯子里的水倒出来,把自己曾经的成就和辉煌全部忘记,这样,才能再装满新的水,才能学到新的知识,从而获得更大的成功。这是每个身在职场的人必须要有的心态。

对于职场中的员工来说,你永远都不要把自己过去的荣耀带到现在的工作中,如果你想做好当下的工作,就要从现在开始,以归零的状态,延续自己不断奋斗,不断努力的斗志,这样才能实现职业生涯的完美超越。

梦想有多大舞台就有多大,我们把自己放大以后会发现这个世界很小,相反,如果把自己看得很渺小,那么这个世界就会变得没有尽头。在职场中,我们要学会“倒空”自己,这样才能实现更好的自我发展。丰满的稻穗,总是把头垂得很低。所以我们应该保持空杯心态,把自己曾经的成功或者失败全部都清空。让自己有一个新的起跑线,这样才能以谦卑、认真的心态来对待,这正是每个在职场工作的人都应该有的健康状态。

只是员工们在工作中要如何利用“空杯心态”呢?

(1)树立空杯心态的决心。

员工怀有空杯心态,决心很重要,首先要有敢于放弃以往成绩的决心,为自己确立更高的职场目标,然后一切从现在开始,锲而不舍地朝着目标迈进。

(2)要有一颗永不满足的心。

在迈向成功的道路上,是不应该满足于现状的,那颗永不满足的心是人们努力奋斗的动力。想要清空自己,实现超越,就一定要做到当实现一个新的目标以后,绝不自满,而是积极迎接新的挑战,把过去的成功当做新的起点。始终怀有这样归零的心态,才能够有新的成功。

(3)试图自我清空。

清空是一个很抽象的概念,员工步入职场每天都会有新的任务新的工作,要如何做到清空呢?清空自己是一直主观性的行为,你可以试图定期清空自己,比如当你出色地完成手里的项目,将要进入下一阶段的工作时,迅速调整好状态适应应对新的挑战,要完全摆脱过去成功给你留下的痕迹,用新手的谨慎心态去完成新的任务。

(4)时刻清除大脑中的污水。

如果杯子里面的水比较脏，不管你往杯子里加多少干净的水，那杯水都是脏水，如果想要一杯干净的水，就必须先把脏水倒掉。而员工想要学习新的东西，也要抛弃你之前的经验或观念。改变过去对事情的看法，积极调整好心态，全面接收新的知识，才能够进步更快。

除上述方法以外，员工想要更好地适应当下社会的竞争，就要懂得在适当的时候“弯腰”，当你低下头的时候你才能看到脚下的路，才能学到更多东西，才能成为饱满的稻穗。我们要适应周围的环境，根据环境的变化而变化，要有随机应变的能力。其实成功最重要的就是心态，所以我们要学会不断地清空自己，不要满足于所拥有的知识和能力，只有清空，才能注入新的知识，新的力量，只有给自己留出空间，才能保证自己不断提升。

无论是在职场上还是在生活中，我们都要知道，知识是不断更新的，昨天对的东西在今天看来未必是对的，以前用的方法在当代可能已经被淘汰。曾经让你成功的方法，可能就是导致你今天失败的原因。无论是个人还是企业，都希望自己不犯这样的错误，其实错误是客观存在、不可避免的，有的时候也需要我们自己否定自己，否定自己需要很大的勇气，这才是真正的“空杯心态”。

很多人在某个行业或者某个职位做的时间久了，就认为自己是资深人士，关于这个行业的一切都很清楚，所以在这种人来看，其他的人都是外行，别人的建议根本就不会去听。其实这样是不对的，古话说得好：人外有人，天外有天。在这个知识不断更新的时代，只有不断学习新的知识才能进步。就算你曾经很优秀，没有过硬的专业知识和扎实的基本功，同样会被社会淘汰，所以说，空杯心态对任何人来说都是非常重要的。它是可以帮助我们获得成功的最好方法。

满足于你所拥有的知识，满足于你现在的成绩，那么必定会导致明天的失败，所以我们只有把自己“倒空”，才能没有负担的、虚心的学习和提升，才能拥有更强的能力，也会获得更大的成功！

5

懈怠会毁掉一天，也会毁掉一生

工作懈怠能够毁掉员工一天的工作质量，那么当你摆脱不了懈怠的时候，会给你的人生带来极大的负面危害。现在我们要讨论的是工作懈怠会带来哪些危害，首先我们来了解一下什么是工作懈怠。所谓工作懈怠是指员工在工作的时候，因为不能有效地应对工作中持续产生的压力，而产生的一种包括情绪衰竭、玩世不恭及低成就感在内的综合症状。

在工作中，懈怠的表现大多是员工丧失工作的积极性，上班时间状态不佳，总是偷懒上网聊天、玩游戏、浏览网页等。具体来说患有工作懈怠症的员工会在工作的时候感到自己的情绪和情感处于极为疲劳的状态，对工作没有热情，缺乏活力。此外，员工会因为倦怠心理，消极地认为自己的付出不会有什么建树，也无法给企业带来贡献，这个时候，他们往往会被动、麻木不仁地对待工作。

李艳在一家外企公司做了三年的财务工作，一直以来她都是领导眼中的好员工，她工作踏实勤奋，认真负责，从不懈怠。只是最近她觉得异常的疲惫，她觉得再工作下去自己就要崩溃了。

我们都知道，外企的福利待遇很高，很多人都认为能进外企，自己离成功就不远了。可是外企也像钱钟书在《围城》里所说的，“里面的人想出来，外面的人想进去。”没有进外企的员工都心向往之，但是真正在外企工作的人却苦于压力想着离开。原来，在外企里工作量非常大，一个人往往要干两三个人的活。如果你不能够提高工作效率，分不清事情的轻重缓急，往往会被工作所累。

李艳就是这样，她非常珍惜自己的工作，工作上的事情她都

尽心尽责,且一丝不苟地完成。由于工作任务繁重,初入公司的她又不会合理安排自己的时间,加班成了她的家常便饭,有时候周末她也会来公司加班。有一次她一个人在公司加班,疲惫和孤单的感觉竟然让她哭出声来。

就这样忙忙碌碌的已经三年多了,最近李艳的大学室友来看她,虽然室友的工资不及李艳的一半,但是人家过得很快乐,周末经常和朋友一起出去。看到朋友丰富多彩的生活,和满足的神情,李艳感到自己每天的生活单调、乏味,生活圈子越来越小,所以她感觉快要崩溃了。

有了这样的感觉,她对工作更加丧失了激情,每天工作也只是应付,很多时候,她只是埋头苦干,不再抱有理想,也失去了往日的欢笑。

像李艳这样的表现,就是工作懈怠的表现,不管工作是否有趣,完成工作的过程都是不断付出和耗费精力的。如果只顾埋头苦干,而不适当调整状态,长时间的超负荷工作,就会产生疲惫、懈怠的状态,进而影响工作。

看完李艳的故事,相信对于工作懈怠的原因你多少都有些了解,现在我们总结了以下几种易引发工作懈怠的原因。

(1)员工对工作的界定不清楚。

不管从事什么职业,员工都要摆正自己的位置,明确地知道自己所在的职位要做什么。如果你连自己要做什么都不知道,那你一定无法高效地完成工作,也无法得知工作的方法是否得当。

(2)员工缺乏自我掌控能力。

员工无论身在哪个职位,都要有很强大的自我掌控力。自我的控制感不足,很容易在纷繁的职场中迷失自己,特别是长期从事一份工作,又缺乏良好的自我协调方式,一定会失去兴趣,产生倦怠。

(3)工作负担太重。

有的员工本身工作量大,或者接到的工作是自己根本无法完成的任务,这个时候,他没有找到合适的解决方法,不免产生消极的情绪。

(4)工作缺乏成就感。

员工从事任何工作的前提就是找到自己的方向,明确目标才能更好地努力。如果在职场中迷失自我,缺乏成就感。不知道自己为什么要努力,总是感觉自己大材小用,这样也容易导致工作情绪懈怠。

产生职场懈怠的原因并不是固定的,当员工对工作环境、工作时间、工作报酬的接受、适应心态有了变化,就有可能出现动荡不安的情绪。当员工出现工作懈怠的时候,心理上会感觉空虚、焦虑、不安。生理上会觉得身体乏力、工作注意力不集中。如果出现了这些状态,一定要及时寻找方法解决,积极避免工作懈怠给自己和企业带来危害。

员工出现了工作懈怠,要如何解决呢?首先,员工要时刻保持工作上居安思危的意识,时刻做好每一份工作。工作过程中,不要因为工作而失去自己的目标和斗志。充分认识到工作状态不佳也会导致工作质量的下降、事业滑坡。其次,作为一名员工要保持积极的思想状态,克服精神懈怠。以积极乐观的态度应对工作中的每个挑战,保障自己每天都激情活力地完成工作。最后,工作要有主动性,无论职位大小,都要拼搏进取,千万不要好高骛远,眼高手低。要把工作当做是自己实现梦想的舞台,尽心尽责,兢兢业业。

其实懈怠产生的主要因素还是心理因素,如果你能够调整好自己的心态,树立正确的目标,就能在困难中逆势而战、力争上游。

第八章

工作肯定要乐业：每天快乐工作，职场便是天堂

“乐在工作”是多么浅显易懂的四个字，但是能够真切地领悟这句话，并且由衷地享受工作却不是一件容易的事。工作是人生中不可或缺的一部分，因此让工作变得快乐渐渐变成每个员工的责任。只有树立正确的工作态度，投入地工作，并且在工作中获得快乐，才能在职场中打下良好的根基，稳扎稳打地进行下去，收获成功的事业和快乐的生活。

1

乐业让你做好每一天的工作

俗话说,干一行,爱一行。工作的意义对每个人来说都是不一样的,但是促使员工坚持一份工作,并且把这份工作做出好成绩的主要原因是什么呢?是老板支付的高额薪水?是公司提供的完善福利?或是清闲自在的工作内容?事实上,让员工甘心情愿做好一份工作的不二法门就是发自内心地喜欢这份工作,这样的员工能够从工作中找到乐趣,享受工作的整个过程,也就是所谓的乐业。

说到乐业,不妨问问自己下列几个问题:你喜欢你的工作吗?你在选择工作的时候看重的是薪水福利,是清闲自在,还是发展空间充足,可以迅速提升自己的能力呢?不管怎样,既然已经选择了如今的工作,无论你从事的是枯燥无味的行政工作,还是耗费体力、加班加点的程序编译,还是又脏又累的建筑工程,都应该让自己喜欢上每天的工作,在完成工作任务的同时,找到自己的工作乐趣,享受从工作中获得的成就感,这才是愉快工作的王道。

世界股神沃伦·巴菲特说:“我从未尝过失业的滋味,这并非我运气,而是在于我从不把工作视为毫无乐趣的苦役,却能从工作中找到无限的乐趣!”快乐工作的第一要义就是在工作中找到无限的乐趣。职场中有各行各业的从业者,而且每个行业中都出现过各种“牛人”,“达人”,他们之所以能够有所成就的原因,就是从来没有把工作当成一种负担或者苦役,相反的,他们更愿意将工作视为兴趣的延伸。只有这样,才能在遭遇挫折,经受打击的时候依然坚持不怕输、不怕累的态度,才能坚持到最后的

出头之日,让世界看到你的存在。

> 2011年一首改编自《图兰朵》名曲的《送你葱》红遍了大江南北,同时也造就了又一个网络红人——“菜花甜妈”。在东方卫视《中国达人秀》节目中,一位名叫甜妈的卖菜大姐,她把帕瓦罗蒂的经典名曲改编成了市井生活的卖唱版,传唱全国,令人拍案叫绝。而现实生活中的菜花甜妈来自安徽农村,没有接受过高等教育,也没受过任何专业训练,她的工作就是每天站在菜市场卖菜。为了招揽生意,她就经常送葱给客人,因为喜欢唱歌,所以也常常唱歌给过路的客人,或者菜市场的同行们。因为对于唱歌的喜爱和坚持,所以她才最后走上了达人秀的舞台,成为达人秀节目的年度亚军,唱红了全中国。

实际上,与甜妈在菜市场的工作比起来,很多人的工作根本算不得辛苦。没有起早贪黑的睡眠不足,也没有风吹日晒的沐风栉雨,可还是有人每天心情烦躁、郁闷,唉声叹气,抱怨连天。从相对论的角度来讲,世界上所有的事情都有两面性,没有绝对的好,也没有绝对的坏。有的人觉得工作简直就是一种苦刑,上班就是忍受新一天的煎熬,而有的人就可以将工作视为权利和享受,每天带着欢天喜地的情绪上班,热爱工作中的一切。人们对于周遭事物的好恶全部来自自身的态度。只要转换态度,经常发现工作中的美好,一定可以每天开开心心的工作,同时收获意想不到的成绩。

其实不管你的工作多么糟糕,多么枯燥,多么乏味,只要你转换另外一个角度,想想如果这么糟糕,枯燥,又乏味的工作我都可以做好,做出色,那么是不是更困难,更有挑战的工作我同样可以做得很好呢?真正的伟大都是来自最普通的生活,工作上的成就也是来自日常生活中不断的积累。即使是同样的,一成不变的工作,考虑一下,用什么方法能够让这一次比上一次做得更好?把每一次新任务都当做是对自己能力的考验,每一次的完成就是新一次的自我超越。不要为了金钱工作,更不要为了周围人的眼光即所谓的虚荣而工作,即使现在自己还不是老板,工作的一切也都是为了自己。

2

天天乐业的秘籍:清除工作中的坏情绪

很多人听说过“情商”这个概念,很多人认为一个人的成功取决于智商,但是心理学家认为一个人的情商才是决定成功与否的关键。简单来讲,情商包括了解自我,自我管理,自我激励,识别他人情绪以及处理人际关系这五个方面。而情商的作用在职场工作中体现最突出的一面就是可以调节和控制自己的情绪。

中国古话常说人有七情,即喜、怒、哀、乐、悲、恐、惊,对此西方的心理学家也有类似的划分方法。人在面对不同情境的时候会产生不同的情绪,积极的情绪可以帮助提高动机水平,从而更有效率地完成工作。相反,消极的情绪则会降低动机水平,从而影响工作质量。如今比较普遍地认为,情商较高的人能够更合理地利用自己的智商,从而将智商最大限度地加以利用,得到更完善的工作效果。同时,情商较高的人也可以合理控制情感,不会轻易地受情绪控制,因为情商高的人相对情感平和,容易相处。因此,如何使自己保持一个积极乐观的心态,轻松愉快的工作心情,从而更高效率、更高品质地完成工作任务也渐渐成为衡量一个员工是否优秀的标尺。

在实际工作中,会遇到很多意想不到的事情,遭遇坏情绪也是不可避免的事情,关键在于如何在最短时间内消除坏情绪,时刻保持一个鲜活的心态面对每天的工作和生活。以下的几种方法或许可以作为参考。

(1)转移法

当遭遇不良情绪时,需要迅速脱离不良环境,比如说在工作中和同事争执,或者和上司争执,发生不愉快的时候,这时身体语言会过度夸张,并且出于本能防御机制的启动,血压会升高,心跳加快,同时伴随自制力下降。这时最好的方式就是找一个安静的场所,静静地坐下来,然后深呼吸

四次,首先让身体的生物指标降下来。接下来可以寻找其他的工作转移一下注意力,让情绪在一个新的状态下得到缓解。一段时间之后,待情绪有所缓解,头脑思路清晰的时候再去重新考虑刚刚的问题,这样既保证了问题可以得到理智的解决,又能在情绪激烈的时候避免更直面的冲突。

(2)宣泄法

宣泄法顾名思义,就是要把不好的情绪发泄出去,以达到内心平衡,心情畅快的目的。中国人往往比较倾向“自我克制”,比如说“男儿有泪不轻弹”就是教育男子要学会坚强地承受压力,不要轻易流泪。而事实上,当负面情绪积累到一定程度,它是需要渠道释放出来的,如果一味地压制、克制着自己不仅会影响到工作的状态,时间长了还会造成身体上的疾病。

宣泄情绪的方法有很多,最常见的就是跟朋友诉说。每每有的人在遇到情绪问题的时候找心理医生咨询,其实心理咨询就是一个发泄的过程。把心中压抑很久的愤懑,或者抱怨,或者委屈通通讲出来,说出来之后就会有一种身心释放的感觉,情绪上也会舒缓很多。如果牵涉到个人隐私的方面,不方便向周围的人透露,就可以找一个空旷的场地,或者足球场或者山坡这样的地方,大声地喊出来,可以仅仅是“啊……”这样单一的发泄,自己添加内容发泄情绪也是可以的,只要达到宣泄情绪的目的就好。可能这样诉说的方式更适合女子,对于男子来说,运动类的宣泄似乎更有效果。无论是跑步、打球,或者到健身房举百个哑铃都是宣泄内心的不良情绪的合适途径。

但是有很多人在遇到不良情绪的时候喜欢用酒精麻痹大脑,继而起到缓解的作用。适当的酒精的确可以使人精神放松,但是不建议经常采用这种方法,经常性地酗酒不仅养成不良的生活习惯,而且对身体健康也有影响。

3

改变不快乐的工作方式

你的身边一定有很多这样的人，每天都在喊着工作辛苦，“我没有时间啊……”、“我快要累死了……”，你一定很佩服他们，觉得那是一群工作很努力，时刻要求上进的人，同时也会为他们打抱不平，那样的辛苦却只换来疲于奔命的生活。在当今这个生活节奏不断加快的时代，越来越多的人超负荷地工作，承受着各种身体和精神上的压力，提前透支着自己的生命。可并不是所有人付出的辛苦都是有价值的，有些人的辛苦工作很可能是低效率产出的过程。造成工作辛苦但低效的原因很多，有可能是工作方法上的差错，更有可能是他根本就没有自己的主见，完全被其他人指挥着，呼之则东，招之则西等等，导致大多数人每天在一种紧张、疲惫、压抑的状态下工作着。其实，工作原本不应该是这样子的，每个人都有享受快乐工作的权利，同时也都有改变不快乐的工作方式的责任。

应该如何改变不快乐的工作方式呢？

(1)提高工作效率，摆脱劳役重负。

人常说，春可赏绿，夏可玩水，秋可品菊，冬可滑雪，这样才能算得上热爱生活。可是很多人每天却只是工作、工作、工作，完全变成了工作机器，更丧失了自己的个人生活。你也许每天都在忙碌，做了许多事，但这些工作有多少是重要的？有多少是紧急的？有多少是正确的？有多少是你必须去做的呢？上司不会在乎你做了花了多少时间，做了多少工作，而只看重你的工作成果。

为了提高工作效率，避免每天昏天暗地做无用功，在开始工作之前就要把事情按照轻重缓急分类，重要的事情先做，重要的事情中还有关键的部分和次关键的部分，关键的部分再进一步分出需要第一时间做的和稍后做的，这样不断将目标细化之后形成一个清晰的行动思路，最后再付诸

行动。抱着“每次只做一件事，每做一次就把事情做好”的态度来工作，一段时间后你就会发展，原本的工作内容并没有减少，但是工作对你来说已经是一件得心应手，甚至是轻松的事情了。再没有熬夜加班，也没有身心疲惫、无精打采的工作状态了。工作慢慢变成了体现自我的一种享受。这就是工作的极致。

(2)没有最好，只有更好，告别完美主义。

有很多人工作起来总是要求尽善尽美，经常以100分的标准来要求自己，一旦结果不令人满意就会深深自责，继而陷入沮丧失落的情绪中，更有甚者开始全面否定自己的能力和价值观。完美主义者不仅对自己很苛刻，对周围的同事也是一样，长此以往容易造成同事关系紧张，更不利于工作的进行。奉劝那些工作中的完美主义者，世界上并没有十全十美的人，也不会出现十全十美的工作结果，凡事做到自己的极限，尽力就好，不能过于苛求结果的完美。同时，还有学会善待自己的进步，学会为自己的每一点努力而喝彩，哪怕仅仅是一个小小的成绩，也要适当地奖励下自己，给自己买份礼物，或者请自己吃顿大餐，要学会善待自己，时刻保持自己的自信心和成就感。

(3)放慢工作脚步，享受快乐生活。

社会发展的车轮滚滚向前走，工厂的机器不会停工，经济增长不会停滞，商品的交换不能停止，但是身处在工作中的人一定要学会放慢忙碌的脚步，无论是适时地修整充电，还是停下来欣赏一下去看看外面的风景，抑或者重新回到校园，过几年清新淡雅的读书日子，让自己浮躁的心可以重新平静下来，总之要让自己适当地从繁重的工作中解脱出来。面对日常不变的工作内容时，也可以采用一些小策略来改善自己的心情，比如说找一个离公司更远的地方吃午餐，然后找个公园散散步，把自己暂时从工作中脱离出来，或者在休息时间静静地听一首老歌，放松心境，纯粹地欣赏十分钟音乐，也可以舒缓烦躁的心情。另外，还要不断发展个人兴趣，比如说看书，旅行，摄影，或者参加茶话会，登山社等等，在各种不同形式，不同内容的活动中提升除了工作之外的那一部分自己，这样不仅愉悦了身心，放松了心情，从这些活动中收获的心得体会同样可以应用到工作中。而且，将工作与生活有机地结合到一起，无论对于生活质量还是工作质量的提高都是有一定帮助的。

4

善抓工作重点，每天快乐工作

想象这样一幅情景：当你早上一进办公室就开始忙碌工作，这时上司来要一份公司上个月的报表，你这才忽然想起来，昨天报表的工作还没有完成就开始新的工作了。于是你放下手头刚开始的新工作，抓起昨天未完的工作做起来，等到这项工作完成，之前刚刚有了眉目的工作又要重新整理思绪去做了，结果搞得自己整天焦头烂额，还会在上司那里留下一个办事效率低下的印象。现实中这样的场景在我们的工作中总在不断重复上演着，有些员工们貌似整天忙忙碌碌地，好像一个人在做两个人的工作，但还是会给别人留下工作效率低下的印象，其实一切根源都在于这些员工工作不善抓重点，没有一个详细的工作计划。无论任何工作项目，都可以分出来主要和次要的，将工作任务按照重要性不同列出一张简单的工作流程，在开始工作之前将这个流程熟悉几遍，这样做起工作来有条不紊，也不用害怕上司突然交代的任务把原本的工作打乱。

一个好的计划会详细体现今天你应该做哪些工作，最好将目标和标准也清晰标注出来，每一天努力的方向也会更明确，会让人感觉工作轻松愉快。一个好的计划能够突出每一天的工作重点与难点，能够使你在遇到问题的时候，从更多方面考虑，从而培养你的大局观念，和从更高层次看问题的广阔视角；一个好的计划也能够让你工作起来张弛有度，最大限度地调动自身的工作积极性，当你按照工作计划，一步一步将一天的任务完成时，成就感也会随之而来。

另外，工作中还会随机地出现很多琐事，彼此之间也没有任何连接性，于是常常使工作精力不能集中，在影响工作效率的同时，还会给情绪

带来负面影响。想要提高工作效率，除了将工作任务分级完成之外，更重要的是在工作中有效地处理琐碎的事务。

工作中的琐事一般是指突发性的事件或者不可预测的事情，比如说遇到一个相当难缠的客户，致使谈判比原定计划延迟了一个小时；碰巧同事遭遇感情危机，出于好心帮忙排解一下，同时不可避免地耽误了原本的工作进程。为了避免这样的情况发生，在制定工作计划的时候首先要将突发事件可能占用的时间考虑进去，尽可能地压缩单项任务占用的时间。这样不但可以留出应对突发事件的时间，同时，在不出现突发事件的时候，就可以用这段时间休息，恢复一下在高强度工作中透支的精力。还要养成每天下班前核对任务完成情况的好习惯，将未完成的工作设定优先次序和完成时间计划。第二天工作起来就会更有条理，先将未完成的迅速处理，然后进入新一天的工作状态，工作效率也会提升起来。

除了通过改变自身的工作方式来提高工作效率，还可以合理利用身边的人力资源，让其他人来帮忙共同完成。每个人身边都有同事或是下属，各自分工虽有不同，每个人也都有规定的任务需要完成，但是在一些惯例性的事物中还是可以尝试找人分担工作的。通过分担，可以将次要的事物讲给其他人，使你有更多的时间处理紧要的事物。不要觉得这些工作没你不行，也要学着相信身边的同事或是下属，鼓励他们参与到你的工作中来，彼此逐渐建立信任感和亲密的工作关系，在鼓励他人的同时，促进了工作同事之间的感情交流，还可以将自己从繁重的事物中解脱出来，何乐而不为呢？

更重要的是，学会将工作分出去，是考验一个人领导能力很重要的一个方面。作为领导，必须学会将不同的工作分给不同的人来做，统筹每个人的工作情况，在下属遇到瓶颈的时候再给予鼓励和指导，在整个工作中最大程度地锻炼你的领导能力，同时可以让上司看到你又一个闪光点，对于未来职位的升迁也会大大地加分。

通过抓住工作重点，理清工作琐事，与同事分担工作等方法来提高工作的效率，不再让自己束缚在堆积如山的工作中，营造轻松愉快的工作氛围，在科学地将时间合理分配的同时，既可以享受工作带来的乐趣，还可以从条理清楚的工作程序中不断提升自己的价值，真正做到工作快乐，快乐工作，快乐生活。

5

找到适合的工作最快乐

到底什么样的工作才是适合我们的工作？这一定是很多人都在思考的问题。对于这个问题，一千个人会有一千种答案。因为每个人对自己的定位不同，对生活的要求标准也不同，更重要的，不同的人对于“合适”这个词的定义也不同。

有的人想法很简单，工作不过是为了赚钱而已，所以只要薪水满意就是合适的工作；有的人则想要在工作中有所成长，无论是经验阅历，还是个人能力方面，只要能给自己带来成长的工作就是合适的。事实上，工作的时间愈长，那些外界的物质因素慢慢就会变成次要的，只有发自内心喜欢一份工作，才能保证自己在工作上面花费的精力都是心甘情愿的，否则即使公司提供很高的福利或待遇，工作也会变成一项无尽的苦役。很多跨国的大公司在面试的时候都会特别提一句，你喜欢这份工作吗？你对这个行业有兴趣吗？因为公司知道，不管薪水、福利，还是晋升空间的大小，这些都是外部的因素，而员工是否真的对工作内容有兴趣，对本身的这个行业有兴趣，这样的主观因素才是他们能否做好工作的前提。

现在很多人，在找工作的时候都会特别关注待遇、福利这些方面，很少会考虑工作到底是不是自己喜欢的，到底想不想在这个行业不断发展下去。那些看似更现实的价值观，往往也左右着我们的择业观，却很少考虑过自己的兴趣、爱好，自己到底想要什么样的工作，什么样的生活。结果就是让浮华改变了最初的梦想，金钱吞噬了自我，浑浑噩噩过去几十年后才发现，原来最初的梦想早已被抛到九霄云外去了。

有一部电影叫做《遗愿清单》，故事的主角是两个不久人世

的老人,其中一个老人叫做卡特,他是一名黑人机械工修理工。在医院养病期间,他和一个百万富翁住在了一个病房,他虽然话不多,但是很博学,各国历史他都有所涉猎,尤其对美国历史更是如数家珍,因为他年轻的时候一直梦想到大学当历史教授。可是后来因为女朋友的意外怀孕,并接连孕育了几个孩子,他只能选择一份可以接受高中学历,并且薪水足够养家的工作——汽车修理工。承受着养家糊口的压力,卡特在汽车维修站一直工作了四十几年,直到生命垂危的时候,他想起了念书时老师教过他的方法。当你的生命不久于人世的时候,将你还没有做过的事情列成一个清单,在离开之前将平时不能做,或是没有时间做的事情通通做一遍。于是卡特重新拾起旧时的梦想,并且列成一张长长的清单,其中包括文身、跳伞、亲吻世界上最美丽的女人、欣赏最壮丽的风景等,最后卡特终于和同屋的病友共同完成了两人的心愿。

卡特并不是“入错行”的人中最典型的例子,但他的故事证明一份工作其实就是一份事业,很可能就是一辈子的事情。因为你一旦进了一个行业,就要靠这个行业的一切知识来谋生。对于整个人生来说,如果你人生都在做不喜欢的事,那应该是人生中最大的悲哀了。按照现在的八小时工作制,工作占据了人一生三分之一的时间,那么你是选择三分之一人生的快乐,还是选择三分之一人生悲惨地献给痛苦和无奈呢?虽然说人生本来就是由很多的遗憾组成的,但是,你怎么可以让工作成为你人生的最大遗憾呢?千万不要像卡特一样,等到年华逝去,垂垂老矣,行将就木的时候才想起来,“其实,年轻的时候我可以那样选择的……”。为了不给自己未来的人生留下遗憾,也要在工作选择的问题上做一个最喜欢的选择。毕竟,人只要活着,总是要做事的。做喜欢的事可以充满激情,不仅效率高,而且质量好,有时候灵感乍现,还可能做出惊人的成绩来,可是如果做不喜欢的事,不仅缺乏热情,还要面对工作不能完成时给自己情绪上造成的障碍,更重要的是,坚持一份自己不喜欢的工作完全是在摧毁自己的生活,更不用说追求幸福了。这样说来,只有选择做自己喜欢的工作才能算人生的幸福了。

6

乐业良方:不要带着抱怨去工作

有人说:“所谓幸福,是有一颗感恩的心,一个健康的身体,一份称心的工作,一个深爱你的人,一帮与你同舟共济的同事”。一句再简单不过的话语,却能让人感觉多么的温馨和幸福。无论这个世界发生什么样的变化,你的愿望都可以用现已存在的渠道或者未来可以找到的渠道加以实现。你现有的工作为你提供了生存的物质条件,同时提供了一个展现自我的舞台,让你的人生阅历不断丰富,人格不断健全,难道不应该带着一颗感恩的心进行每天的工作吗?

你是否总是每天闷闷不乐,抱怨着工作中种种不平,抱怨上司不能慧眼识珠,发现你其实是淹没在尘土中的金子,抱怨每天的工作辛苦,加班劳累?如果你每天做的事情除了抱怨还是抱怨的话,不妨先看看下面这只驴子的故事。

从前有一头驴子,有一天不小心掉到了一个很深很深的废弃的陷阱里。它的主人费尽力气想把驴子从枯井里救出来,可是几个小时过去了,驴子还是在枯井里痛苦地哀嚎着。主人权衡了一下,认为这只驴子年龄太大了,不值得这样大费周章去把它救出来。于是农夫便请来左邻右舍帮忙一起将井中的驴子埋了,以免除驴子慢慢死去的痛苦。农夫和他的邻居们每个人手里都拿着一把铲子,并开始迅速地将泥土铲进枯井中。当这头驴子了解到自己的处境时,刚开始哭得很凄惨。但出人意料的是,一会儿之后这头驴子就安静下来了。农夫好奇地探头往井底一看,出现在眼前的景象令他大吃一惊。当铲进井里的泥土落在驴子的背部时,驴子的反应令人称奇——它将泥土抖落在

一旁,一点一点将土和树叶踏实,然后站到铲进的泥土堆上面。就这样,驴子将大家铲倒在它身上的泥土全数抖落在井底,然后再站上去。很快地,这只驴子便得意地上升到井口,然后在众人惊讶的表情中快步地跑开了!

人世间不如意事十有八九,很多人都经历过类似这只驴子的困境。在公司中,可能你已经受苦受累地工作了很多年,可是在公司的某个决策时刻,你也可能变成那只被抛弃的驴子。可是,只有抱怨就能让你从被抛弃的困境中走出来吗?最后,你还是要靠自己的力量重新站起来,学着抓住每一个看似渺小的机会,跌倒了,即使抓着别人的鞋带也要站起来。不要抱怨你生活的不如意,不要抱怨你的工作环境不好,不要抱怨你的工资太少,不要抱怨你的上司太严厉,不要抱怨你空怀一身绝技没人赏识你,更不要抱怨没有一个好爸爸。很多人总是看到自己的付出,看到自己流的汗水,却看不到自己收获,更不用说知足和感恩。在你付出辛苦努力的时候,尝试回顾一下,在每一次完成工作以后,是否看世界的视野发生了很大的变化,是否在工作中结交了更多的朋友,是否享受工作完成的成就感时,享受到发自内心的喜悦?

有些人的抱怨不过是为自己的失败找的借口,是一种变相的逃避责任。喜欢抱怨的人缺乏宽大的胸怀,更不可能承担大任,没有哪个老板愿意把奖励和晋升给一个整天喋喋不休抱怨的人。而且抱怨本身一点都不能解决实际问题,它只会浪费你更多的时间,让你错失更多的机会。一个聪明的人不会把时间花在抱怨上,相反地,他会按照工作发展的要求,找出自己的差距,并想办法提高自己的能力,弥补自己的不足,使自己能更好地胜任工作。一个人有没有成功的机会,不在于你从事什么工作,或者处在多么糟糕的环境中,关键在于你有没有珍惜和感恩的心态。

实际上,感恩并不是要你去做什么惊天动地的大事,只要每天带着一个简单的心境进入工作,无论什么事都用一种空杯的心态对待,抱着感恩的态度工作和学习,不计较一时的境遇得失,不在乎眼前的短期利益,用每天踏踏实实的工作来证明自己的价值。如果你所从事的工作恰好是你的兴趣,那就不是你的工作了,而是需要尽全力进步、成长、享受乐趣、享受生命的机会。那就更应该带着一颗感恩的心,带着激情来工作了。

工作不是我们为了谋生才做的事,而是我们要用生命去做的事。世界上没有低贱的工作,只有低贱的工作态度,而工作态度完全取决于我们自己。认真做事可以把事情做对,用心做事才能把事情做好,用生命做事才能把工作做成事业。现实中的确有太多的不如意,但是只要你转变心态,就算生活给你的是垃圾,你同样能把垃圾踩在脚底下,就算你现在被尘土掩埋,只要你是货真价实的金子,总有一天会有人看到你的闪光点。

第九章

工作缺不了激情:点燃工作的激情,每天都不虚度

没有热情的人,就像干枯的河流,于人无功,于己无用。从某个程度讲,在职场上,热情高于智慧,追求胜于能力,对工作充满热爱的人更容易收获成绩。成功人士有很多的理由解释他们的成功,但是所有原因中最重要的一定是热情。只有依靠对事业持久追求的热情,才能让每一天的生活所向披靡,战无不胜,而这热情终将成为你优于常人的独特品质。

1 斗志昂扬：每天都拒绝“凑合”工作

工作中的很多人，他们常常会觉得迷茫，会突然间不知道每天上班到底是为了什么。每天像个机器一样在固定的时间上班，固定的时间下班，然后像个机器人一样机械地工作着，到了固定时间领取固定的薪水，同事间互相抱怨一番，然后继续机械般重复的生活。有的时候更像是为了维持目前的生活而工作，或者为了老板的吩咐而工作，或者根本就是为了工作而工作。从来不思考自己是否需要进一步提升自己的工作能力，需要停下来为自己重新规划人生，脱离既成的生活模式，出去创造一番属于自己的事业。因为没有创新，没有思考，所以他们过着被老板支配的生活，重复地在抱怨、敷衍与偷懒中过了一日又一日，不能对工作投入足够的激情和智慧，不能随着公司的发展充满自信，出于本能地“凑合”工作，最后的结果只有一个——在残酷的竞争中被公司淘汰。

在任何一家公司，老板永远不会喜欢的就是那些对工作敷衍了事的员工，反而大多数人都喜欢那些对工作认真负责的员工。对于工作都保持着敷衍态度的人，即使面对自己的生活也会是敷衍的态度，可以说他的人生观就是一个敷衍的人生观，那么对于自己的人生都不愿意认真思考、端正态度去做的人，工作又何必给他发展的机会呢。

有一家跨国公司因为金融危机，准备裁撤一部分的员工，在被解雇的员工名单有珍珍和莉莉。她们被通知一个月之后离职。珍珍和莉莉两个人都是公司的老员工了，对公司都很有感情。莉莉非常气愤，无论遇到什么人都要大声地抱怨：“我在这

家公司这么多年，平时认真工作，兢兢业业，就算没有功劳也有苦劳啊，怎么也不应该裁我啊？”

开始的几天里莉莉这样子抱怨的时候，同事们还会顾念她心情不好，轮流安慰她几句，可是时间一长，大家也觉得心烦，即使莉莉再怎样涕泪横流地哭诉，大家也只当作看不见了。谁知莉莉变本加厉，不仅开始怀疑自己被某某人排挤，含沙射影地指责身边的一些人，闹得同事之间流言蜚语四散，不得安宁，同事们见到她干脆径自躲开或者绕道而行，落得眼不见为净了。莉莉见到这番景象，还以为是人走茶凉，对待工作更是破罐子破摔，结果，她最后一个月的工作成绩是她工作这么多年来最糟糕的。

和莉莉同样等待离职的珍珍则完全和莉莉不同。当她收到离职通知的时候，心里也很难过，但是从第二天上班开始，她依然像以前那样正常地工作，按时上班下班，只要在岗位一天，就负责任一天，力求把自己分内的事情都做好。不仅如此，珍珍还会在休息的时间，走到同事之间，互相说一些知心话，“虽然我就要离开公司了，但我们还是朋友，你们要好好干，有什么困难随时可以找我。”

一个月很快到了，莉莉如期离职，珍珍却意外地被老板留了下来。珍珍疑惑地走过去问，老板回答说：“像你这样对工作认真负责的员工，正是我们需要的，我们怎么舍得让她离职呢？”

能够认真负责地完成工作的员工，不仅仅能够获得老板的赏识，在生活中也更能够赢得他人的信任，赢得周围人的尊敬。这个道理是每个人都懂得，但是真正能够付诸实践，做出一番成绩的人却总是少之又少。许多人认为工作是老板强加给你的，所以常常被动地按照老板的吩咐做事，工作起来没有热情，也不会有效率。很多员工从来不会站在公司的角度思考问题，更不会替公司的利益和公司的发展考虑，往往从来只关心自己的利益，从不关心公司的前途。

其实，当员工“凑合”工作，敷衍公司的同时，也是在敷衍自己的人生。敷衍公司或许会造成公司的一段时间内经济上的损失，给其他同事的造成一定的困扰，但是一个公司不会被某个员工敷衍的工作态度搞垮，然而一个人一旦形成敷衍的人生态度，他不会认真做好任何一份工作，甚至连他自己的事情都没有热情去做好了，那么敷衍的态度，毁掉的将是一个人的全部人生。

聪明的人必会对人生保持积极的态度，对待工作上的困难和坎坷充满斗志，尽全力只争朝夕地工作和学习，把一天当做两天过，把公司的事情当做自己的事情来做，不做则已，一旦开始，一定会投入最大的热情，尽力做到最好。只有最大程度地把工作做到极致，才能在工作中取得最大的收获，才能最大程度地受益，也就会最大程度地享受工作带来的身心愉悦。

2

你的工作态度，决定你的工作热度

心理学家荣格说过：性格决定命运。在职场上也有一句相似的名言，叫做态度决定成败。每个人都会对自己的工作抱以很多的愿望，都希望自己薪水高一些，事业顺一些，权力大一些，生活过得更如意一些……可是这些所有愿望实现的根基就是有一个良好的工作态度。你的工作态度就会决定你的工作热情，决定你的工作成绩。态度越积极，把事情做好的决心就越大，同时就会比其他人付出更多的努力，相应地从工作中获得的回报也会越接近自己的要求，最后实现个人对生活期望的可能性才最大。在社会分工越来越明细的今天，很多人的学历背景、技术能力都相差很少，踏实的工作态度就会成为你优越于别人的条件，从而成为你在职场生活中生存下来的优势。

从前有三个泥水匠，他们每天做一样的工作——砌墙。有一天，一个老者走过去问了第一个泥水匠说，“你在干什么？”第

一个人没好气地回答说，“我在服苦役”，说完看了老者一眼，径自地走开去。老者摇摇头，接着走过去问第二个泥水匠说，“你在干什么？”第二个人语气平静地说，“我在砌墙”，说完又开始埋头工作。最后老者来到了第三个泥水匠面前，又一次问了同样的问题，第三个泥水匠脸上带着轻松的笑容答道：“我正在盖一幢摩天大楼”，说完还快乐地吹起口哨来。

从这个故事中我们可以看到完全不同的三个人，也看出了三个迥异的工作态度。第一个泥水匠对自己的工作非常不满，整个身心都被眼前的工作禁锢住，工作对于他来说就变成了痛苦的刑役。第二个泥水匠的工作态度相较于第一个泥水匠积极了许多，但是他完全抱着做一天和尚撞一天钟的态度在工作，他对砌墙这份工作是完全没有热情的，虽然他也在认真地干这活，可是他从来不思考这在盖的是一幢怎样的大楼，从来不思考他砌上去的每一块砖对全部工程的意义，只是将一块一块的砖头垒上去，这不过是他乏味生活中的一个环节罢了，无论是砌墙还是铺路，对他来说没有差别。第三个泥水匠则完全在享受着目前的工作。同样在砌墙，他能够觉得自己在盖的是一幢摩天大楼，而不是眼前的那一砖一瓦，工作对他来说是一件美好的事情，他清楚地知道，虽然这面墙只是整栋大厦中微不足道的一部分，但却是至关重要的一环，如果没有无数个保质保量的墙头的崛起，又怎么会有参天的高楼大厦呢？因为他能够清楚地意识到自己劳动的价值，所以他的工作才会非常轻松，非常快乐。

对于每个人来说，工作的同时也是在创造自己的生活，构建自己的人生，但是能够清楚认识到这一点的实在少之又少。大多数人都像第二个泥水匠一样，每天漫不经心地过生活，把生活当做毫无意义的不断重复的固定模式，今天和昨天一样，明天还会和今天一样，等有一天幡然醒悟的时候，却发现年华早已老去，命运根本不会给他重来一次的机会。如今的职场新人心态都很浮躁，一般不能对自己做出客观的自我评价，即使是工作的时候，也经常是这山望着那山高，工作不够踏实，更谈不上敬业了。

很多人都听过时传祥这个名字。他的名言是“宁肯一人臭，换来万户香”，因为他是一个爱岗敬业的淘粪工人。然而在旧社会，淘粪工是一个备受社会歧视的工作，不仅得不到良好的工作待遇，在行业内部还要遭受一些恶势力的欺凌和压迫。但是时传祥用一颗朴实的心记住了一个简单的道理:淘粪也是社会建设的一部分。于是他把淘粪当做万分光荣的劳动,在工作时以身作则,任劳任怨,在同行中获得了很高的口碑。

新中国成立后,他工作在北京市崇文区的清洁队,在新的社会政策下,政府给了他更好的工资待遇,而且在工作设备方面也做了很好的改善。外界环境变得越来越好的时候,时传祥一心一意为人民服务的工作态度却从来没有变过,在小组工作中他是最勤奋、最卖力的一个,在管区内的居民收获干净整洁的生活环境的同时,他却早已满身疲惫,双手被磨出了一层厚厚的老茧。在他辛苦工作的同时,大家也把他的成绩看在眼里,因此时传祥不仅在工作单位赢得普遍的尊敬,还先后被多次评为当地的先进工作者。

后来在全国先进生产者大会上,时传祥得到了国家领导人的亲切接见,并赞美他道,"虽然你是淘粪工,我是政府官员,但我们都是人民的勤务员,这不过是社会的分工不同而已"。时传祥听到领导人的评价,心里激动不已,谦虚地说,"我会永远听党的话,当好一辈子的淘粪工。"

工作本身是不分贵贱的,使工作产生阶级区别的是每一个岗位上的人的工作态度。一个人对待工作的态度,严格说来其实是一个道德层面的问题,在西方的很多国家,如果一个人在工作上不能做好本职的工作,失去基本的信誉,这个人可能在信贷、住房以及其他方面都会受到评估机构的质疑,从而给自己未来的生活带来相当大的不便。可见一个人的工作态度,在某种程度上是员工个人品质的体现。笔者建议初入职场的"菜鸟"们,所有的上司都希望聘用充满热情、富有活力的员工,同时你还要具备被人信任的基础,并且在平时的工作中将你的优点,比如说踏实、聪明、接受新事物快一一表现出来,并且应该深信,保持热忱的工作态度,无论处于什么样的工作环境,最后都可以收获工作和个人的事业方面的成功。

3

工作压力越大，工作激情越少

你是否感觉每天腰酸背痛，食欲不振，无精打采，经常是晚上睡不着白天醒不了。面对这些症状，你是否整天担心害怕，以为自己患了什么不治之症。当你面对工作不再有刚刚进入职场时的激情，当你每天上班不再感觉一种幸福，当你对于公司的规划提不起任何兴趣，那么，提醒你一下，你可能已经进入职业倦怠的阶段。

在某大型外企供职的王女士，今年 37 岁，是公司业务部的中层干部。她觉得自己年轻的时候，每天工作量特别大，有的时候，为了完成业绩考核，熬夜加班是家常便饭，虽然工作很累，但是心情舒畅，一天一天地好像一眨眼就过去了。现在的状况比以前好了很多，生活条件要优裕很多，而且在工作中获得的成就也比那个时候大很多。可是却感觉工作越做越辛苦，不仅要考虑把工作做好，还要维持好各个方面的人际关系，不仅经常失眠，脱发，有时候甚至怀疑自己的工作能力，我是不是不适合做这份工作呢？

很多人都要经历这样的变化阶段，从一开始刚刚参加工作，怀着初生牛犊不怕虎的昂扬斗志，信心满满地进入到工作岗位。虽然乍一开始，见识少，经验乏，会遇到各种各样的问题而让工作变辛苦，但是生活充满激情，再苦再累似乎都可以克服。可是时间长了，经过了社会的磨炼，掌握了社会生存的基本法则，长了见识，事业也渐渐沉稳下来。这个时候，担负更多社会责任的同时，自身的压力也开始逐渐增加，毕竟工作即意味着充满着竞争和淘汰，越是居高位的人，责任就越大，也就越需要严谨的工作态度。为了应付每天纷纷扰扰的生活，要长期保持一个精神高度紧张的头脑，处理每天堆积如山的公文，渐渐觉得身体吃不消，神经忍受煎熬，原本安定的工作开始失去激情,安定的生活也开始动荡起来了。

像王女士这样的例子,在大型企业的管理层经常出现,他们工作压力很大,有时候还会遇到这样那样棘手的问题,内心矛盾很多。尽管自身承受很多压力,但是因为工作紧张,生活节奏过快,更多的人还是愿意把困扰忍在心里,保持一个回避的态度,不把这些问题当一回事,更不会及时找心理医生沟通和治疗。时间久了,各种问题不断积累,最后就可能引起严重的情绪反应,甚至导致一些身心疾病,从而给个人的工作和生活造成更严重的影响。

强度过大的工作压力对于人的生理方面、心理方面和行为方面都会造成不同的影响。比如说在生理方面,工作压力过大的人经常会出现头痛、肌肉紧张、胃肠溃疡、身体疲劳、睡眠障碍、呼吸系统的疾病以及心脑血管的疾病等;心理方面上容易表现出焦虑、紧张、烦躁、不满和苦闷等情绪状态,精神疲劳,工作能力低下,注意力涣散,自信心不足,有的时候还会出现孤独感和与人接触的疏离感;在行为方面则会表现出抑郁、拖延和逃避、暴饮暴食、工作表现越来越差、同事之间关系恶化,并侵犯他人,严重时可能出现自杀或试图自杀。

当然,不同体质和不同心理素质的人也会造成完全不同的影响,个体之间还可能存在很大差异。但是不容置疑的是,工作压力越大,会导致员工的工作热情降低,工作积极性下降,相应地工作的完成质量也会随之下降。从整体来讲 ,对于整个公司的工作团队的工作都会带来负面的影响。

有一个人觉得自己每天工作辛苦,压力很大,内心也很痛苦,于是决定去拜访一位心理学家。他对心理学家述说自己的苦闷并且请求心理学家能够让他的生活变得没有问题,“我觉得我每天的工作毫无乐趣,对一起工作的同事也充满敌意,开始怀疑我自己的工作能力,并且觉得我的生活里有许多压力,压得我快要喘不过气来了。我为这些问题苦恼了很久,觉得人生好累,好疲惫。”心理学家听了他的话想了想说:“好吧,让我带你去一个地方,或许对你会有所帮助。”于是心理学家带着他来到医院的太平间,心理学家指着躺在冰柜里的尸体说:“你看,他现在什么问题都没有了,你愿意做这样的人吗?”那个人恍然大悟:只要

你活在世上，你就会有问题产生，就会有各种压力，重要的是你有没有找到压力后面的机会，有没有利用这个机会找到工作需要的激情。

的确有许多人长时间处于一种高负荷的压力之下，这对人的生命是一种无情的摧残。这就需要我们自己学会调节的方法，在工作之外，要学会给自己减压。比如说要学会倾诉，把工作，生活，感情中碰到的困难跟朋友说一说，倾听者不一定要帮你解决问题，但至少可以帮助抒发情绪。有很多内向的人，就是因为遇到问题不能够有效地倾诉，只会自己闷在心里，最后患上忧郁症。还比如说培养一种兴趣，学习一两种舒展身心的技巧，听听音乐，打打球，练练瑜伽，如果不能定期外出旅行，每隔一段时间给自己放个短假，出去郊外走走也可以。最重要的就是不要把自己当成万能的机器人，谁都不是钢筋铁骨的材料，弓箭的弦绷得太紧还会断呢，何况是有血有肉的人？如果累了，就要歇一歇，学会善待自己，生活才会善待你。

4

时刻保持危机感，工作更会有激情

在现今的社会结构中，相比那些在国有企业和事业单位工作的员工来说，在中小型企业工作的人员要承受更大的工作压力，同时也要面临更多选择和淘汰，所以要求在职员工必须居安思危，时刻保持清醒头脑和积极的工作态度。

很久以前，在一片树木茂盛，食物充足的森林里生活着一群快乐的熊。他们从很久远的年代就已经居住在这里，生活劳作，繁衍子孙。可是有一天，地球的气候发生了变化，森林被大火焚毁,环境变得异常恶劣,各种动物都准备到他乡逃命,熊家族也在准备逃亡的事宜。其中一部分熊说,“我们应该向北走,那里没有其他动物,我们可以自由地生活”,然而另外一部分熊说,“北方太冷了,我们应该去南方,那里既暖和,又容易找到食物”。双方争论了半天,谁也说服不了谁,结果这一群熊分成了两部分,一部分去了寒冷的北方,另一部分去了温暖的南方。到了北方的熊,由于天气寒冷,它们渐渐学会了潜水、捕鱼,并且身体越长越强壮,完全适应了寒冷的环境。它们就是今天我们知道的北极熊。而去到南方的熊,发现事实并不如它们想象的美好,在南方生活着很多高大凶猛的动物,这些熊根本就不是他们的对手,迫于现实的无奈,它们只好躲在深山里,开始以竹子为生。它们就是今天所见的猫熊——大熊猫。

这两类熊的境遇,不正是职场中每个人可能面对的情况吗?在选择面前,有的人选择了安逸的眼前生活,物质丰富,不用奋力争斗,受苦受累,可是结果就会像去往南方的熊一样,变得好吃懒做,体态臃肿,最后因为周围环境的变化,几乎濒临灭绝,不得不靠人类的力量来维持种族的发展。而选择居安思危,在困苦的环境中挣扎的那一类人,就像是去往北方的熊,虽然在刚刚踏入新环境的时候,难免面对环境的不适应,还有个人能力的缺陷,但是通过年深日久的实战训练,它们还是通过了一系列困难的考验,在严峻的环境下生存了下来。

在职场中,想要保持一段时间的工作激情并不难,但要做到对企业忠诚、时刻保持工作积极主动、不断进取,在工作中学习、和企业的发展共同发展却不是一件简单的事。有很多刚出校门的大学生,在短时间内熟悉了工作流程、胜任了当前的工作就会骄傲自满,止步不前,同时放下了警惕性,不能利用大好的时间和精力给自己进一步的充电,结果就被职场的大环境同化,过上了日复一日机械地上班的日子,看不到周围更多的机会,也看不到自身的缺陷,最后在无声无息的职场竞争中被淘汰出局。

有人曾经说过,21 世纪,没有危机感就是最大的危机。无论是作为企业家还是公司的员工,危机感的树立都来自每个人的不懈努力和持续追求,如果一个企业没有针对危机的规划和追求,企业就可能在经济危机中一瞬间垮掉;如果员工没有危机感,就会放弃自己的紧张意识,变得精

神懈怠，不能在工作中激发最大的潜力，自然也就不能将完成任务的勇气激增到无所畏惧的地步。

很多人都听说过“温水煮青蛙”这个故事。当科学家将青蛙投入已经煮沸的开水中时，青蛙面对突如其来的刺激，做出了最本能的反应——跳出水面逃生。可是，当科学家把青蛙先放入装着冷水的容器中，然后再加热，结果就不一样了。青蛙反倒因为开始时水温的舒适而在水中悠然自得。当青蛙发现无法忍受高温时，已经心有余而力不足了，不知不觉被煮死在热水中。职场中也经常出现“被煮死的青蛙”，当环境在短时间内速度进入危机状态时，差不多所有人都能凭借本能反应，动用所有的资源来保全自己，使自己在残酷的竞争淘汰中存活下来。然而并不是所有的危机都是突然降临的，有很多潜在性的危险因素，还有很多危机的因素是日常生活一点一滴积攒起来的，面对这些潜在的危机，如果员工不能做到居安思危，不能时刻保持危机感，反而过于安于现状，目光短浅，对企业未来的变数缺乏自己的预见等等，这些都可能成为断送自己职场生活的导火索。

为了避免“温水煮青蛙”的现象发生在自己身上，就要求身在职场的你，必须时时保持危机感，经常冷静审视自己、对自我进行评估，客观分析所处位置与企业发展的匹配关系，一旦意识到自身的不足，马上充电，以便适应企业和时代的变化。

5

远离那些没有工作热情的同事

欧阳修是北宋著名的文学家、政治家。他在颍州当长官的时候，手下有一个名叫吕公著的年轻人。有一次，欧阳修的好友范仲淹路过这里，便到他家中拜访，欧阳修邀请吕公著一同待客。席间，范仲淹对吕公著说："你能在欧阳修身边做事真是太好了，你应该多向他请教作文写诗的技巧。"此后，吕公著日日待在欧阳修身边，看着他读书，写字，做文章，在欧阳修的言传身教下，吕公著的文学水平得到了熏陶，写作水平也得到大大地提高。

这个故事贴切地说明了"近朱者赤"的道理。人类是群居的动物，谁都不能脱离社会而独立存在。不管你是自觉还是不自觉地，都会受到周围环境的影响。"与善人居如入芝兰之室，久而不闻其香；与恶人居，如入鲍鱼之肆，久而不闻其丑"。每个人先天资质都是类似的，但是后天的生活环境，教育情况却都是不同的，正是由于这些差异导致了每个人的世界观，人生观不同，从而也决定了人与人之间完全迥异的人生道路。

所谓"近朱者赤近墨者黑"，意即和好人在一起就容易变好，和坏人在一起就容易变坏，强调周围环境对人的个性的影响。周围的环境就像是一个大熔炉，如果你接触的是一群积极进取，善良，富有正义感的朋友，你就会自觉约束自己，塑造自己，使自己不断进步，但是，如果你处于安于现状，不思进取的圈子里，也会感同身受身边人的消极观念，从而放任自己。

人与人的交往构成了纷繁复杂的社会关系，每个身处其中的人都会受到种种环境的影响，在工作中更是需要和不同的人亲密交往。每天我们都会从他人那里获得各种各样的信息，无论是经验性的，技术性的或者是情感性的，来自他人的信息都会对我们自身的价值判断造成影响。就像生活中，我们总会在不经意间接受来自环境的一些潜移默化的影响，看什么书，做什么事，接受什么现实教育，跟什么人打交道，我们在这个过程中判别和选择其中积极或消极的部分并受其影响。比如说朋友喜欢去购物，你就会不知不觉地在周末出门购物，或者朋友喜欢酗酒，时不时地拉着你喝上几杯，时间久了，饮酒也成了自己的习惯。所以说，和什么样的人一起工作，待在什么样的人身边在某种程度上决定你的工作状态。

不管你多么有自己做事的原则，工作的时候，每天都和某一类型的人同处于一种环境下的时候，都难免会受其他人的影响。同事中有各色各样的人。积极的人，他就会像太阳那样，照到哪里哪里亮，而消极的人则像月亮，初一十五不一样。人与人之间的激情是可以传递和相互感染的，当你感到意志消沉，情绪低落时，就去找富有激情的朋友，感受到他们充

沛热忱的生命力，感受他们对生活和工作的热爱和激情，你自己也会变得热血沸腾，变得充满活力和热情。我们的生活中，没有哪个人愿意和一个整天萎靡不振的人交朋友。工作中也是同样，不会有人愿意整天面对一个无精打采的同事，也不会有哪个老板愿意聘用一个整天情绪低落、牢骚满腹的员工，自然也没有哪个老板肯重用一个毫无生气，终日消沉的员工。职场的规则是，激情永远比方法更重要。

微软人事总监曾经在招聘员工时说，"微软公司聘用的人才，除了必须具备相关的技术技能外，被录用的人必须是具有激情的人——对公司有激情，对技术有激情，对工作有激情。对于微软的员工来说，工作不仅仅是几张钞票那么简单的事，它是人生的一种乐趣、尊严和责任，只有对工作拥有激情的人才会明白其中的意义。"

如果你身边的有萎靡不振、牢骚满腹的同事，那么请你第一时间远离他。因为他的消极情绪会在不知不觉间传染给你，给你心理造成一种负面的心理暗示，使"工作"和"苦闷"、"无聊"这样的词联系在一起，渐渐地你就会变成另外一个他。但是，如果你身边有那么一只"小太阳"，只要他一出现就可以照亮整间办公室，像阳光一样普照每个人，让身边的人充满热情、充满希望，那么请你站在他身边。

工作时积极主动的人，他常常觉得有许多事情要做，常常会发现问题，打破常规，遇到难事能独辟蹊径地寻求解决方法，不因循守旧。选择和这样的人在一起，做事做人既不会懒惰，也不会嚣张，反而会受他影响，打消自己常常想要放松偷懒的念头。工作激情是工作能力的前提和基础，富有激情的人可以让你每天生活在一个积极的工作环境，不仅有利于舒展紧绷的神经，还会促进你工作能力的提高。

第十章

工作关键在能力：一流的工作能力创造一流的工作成绩

工作是简单的，也是复杂的。说它简单是因为，再难的工作也只需要高效执行就可圆满完成；说它复杂是因为，每项工作都有无数个细节。有能力的人可以把工作做到完美，有能力的人才能承担起这份责任。一流的工作能力创造出一流的工作成绩，工作的关键在于能力。

1

认识自己是提升工作能力的第一步

人的一生中,总会有无数的梦想,我们也会不断努力追求我们的梦想。梦想能不能实现,完全依靠我们眼前的每一个行动,每一个决策和每一点进步。人生只有拥有梦想才能促进我们积极地去追求、去创造,这样的人生才是有意义的。我们无法确定未来,但是我们可以把握自己,让自己在实践梦想的过程中逐步成长,这就需要我们正确地认识自己,不断完善自己。

生活中很多人对自己认识不到位,不了解自己的优势在哪里,更不知道自己的缺点在哪里。比如我们在选择职业的时候,往往会从薪水福利的角度去选择薪水高、福利好的职业和岗位,却忽视了这份职业是否真正是我们喜欢的,是否适合我们。由于我们并不了解自己真正需要的职业是什么,所以就会在工作的时候出现很多意想不到的问题。当你选择的职业不是你自己喜欢的,你只能是被迫去接受。当你的职业就是你的最爱的时候,你就会全身心地投入进去,并在工作中不断创新、发展,甚至做出惊人的成绩。

当我们立足职场,面对工作岗位的时候,一定要对自己的工作有一个定位,清楚知道自己的工作职责和内容。同时,也应该对自己有所了解,看得到自己的特长和优势以及缺乏和不足。这样才能在工作中,发挥自己的特长,弥补自己的缺点,不断提升自己的能力。由此可见,当员工对自己的工作定位清晰之后,在工作中取长补短就是我们努力的重点,这是我们提升自身工作能力的第一步骤。

(1)发现自己的优势,充分利用优势为自己的工作保驾护航。

有些员工从业很多年,同期入职的同事们不断被提升,而自己总在原地,没有一点进步。通常这个时候他们会说:“我资质平凡,没什么优点,所以不被提升也是正常的。”事实上果真如此吗?其实,仔细想想每个人都有自己的优点,然而未必每个人都能发现自己的优点和特长。看看下面这则小故事,也许会让那些觉得自己一无是处的人们有所感悟:

一个穷困潦倒的青年,流浪到巴黎,期望父亲的朋友能帮助自己找到一份谋生的差事。“数学精通吗?”父亲的朋友问他。青年摇摇头。“历史、地理怎样?”青年还是摇摇头。“那法律呢?”青年窘迫地垂下头。

父亲的朋友接连发问,青年只能摇头告诉对方——自己连丝毫的优点也找不出来。“那你先把你的联系方式写下来吧。”

青年写下了自己的住址,转身要走,却被父亲的朋友一把拉住了:“你的名字写得很漂亮嘛,这就是你的优点啊,你不该只满足找一份糊口的工作。”数年后,青年果然写出享誉世界的经典作品。他就是家喻户晓的法国18世纪著名作家大仲马。

其实每一个人身上都蕴含着无穷的能量,只待我们去用力挖掘。一个优点都没有的人是不存在的。当我们发现了自己的优点,并将自己的优点巧妙地运用到工作中的时候,我们就会体会到再难的工作对于我们来说都不是问题。

(2)弥补缺点,为自己的工作清除障碍。

有些员工的工作效率不高,并非是自己的能力有限,甚至有些员工的能力相对还很强,但为什么这样的员工工作却不出色呢?

林可任职于一家机械企业。他进入这家企业之后,总经理对他寄予了很高的期望。原来招聘他进入企业的正是总经理本人。林可在校的学习成绩优秀,他的毕业论文甚至被他母校评为“优秀范文”。正是看中了林可扎实的专业功底,总经理在第一时间就选中了这个年轻小伙子加入到自己的企业中来。

然而一年以后,也是总经理亲自送林可离开企业的。

原来林可虽然专业知识丰富,但是性格方面却存在很大的缺陷。他对工作的态度不错,总能按时完成自己的工作任务,而且很少出错。但是他性格孤僻，不擅与同事打交道，碰到需要与同事协作完成的工作项目时，他会显得非常不配合，因此这样的协作项目经常因为他的个人原因而搁浅，给公司造成不少损失。

总经理在发现林可的问题之后也与他进行过沟通，但是这种沟通根本没办法让林可及时改正自己的性格缺陷，他依然我行我素。无奈之下总经理只好辞退林可，请他另谋高就。

我们都知道，在一个企业中，员工们的性格各异，能力水平也有差别。有些员工比较热情豪爽，擅与人交际；有些人则内向腼腆，喜欢独处。当然当我们性格或者能力上的缺陷影响到工作时，就必须及时改正。林可是因为性格缺陷导致自己离开企业的，对于一个专业水平优秀，极有发展潜力的年轻来说，这无疑是令人遗憾的事情。所以，我们应该认清自己的缺点，并及时弥补，这样才会保证工作顺利完成，并且在工作中不断提升你的工作能力，让自己更加有价值。

读懂自己、认识自己，清楚自己可以做什么，更擅长做什么，有哪些兴趣和天赋，有哪些缺点和不足，运用你的优势，改正你的不足，这样才会提高你的工作能力，才能让自己的职业生涯发出光芒。

2

做好每一天，自动自发是关键

一项工作地顺利完成离不开员工的执行力，没有执行力，哪怕再好的战略和创意也都是天方夜谭。执行力的强与弱，在每一个员工的工作效率上能直接体现出来。很明显，只有自动自发地按计划执行，才是工作成败的关键因素。

工作上，我们要做自动自发的工作，无论老板和上司是否在办公室，

我们都要认认真真地去工作。能做到这一点的员工是对工作具有积极和主动性的，促使他们工作效率提升的是饱满的工作热情和正确的工作态度和价值观念，因此他们能轻松地做好每一天的工作。

刚刚走入职场的年轻人，对于自己面前这没有接触过的工作，显得有些力不从心，领导交给的任务总是不知道该如何做，因此就被动地进行工作，应付工作。虽然这类人会很遵守公司的纪律和制度，但是缺乏对工作的热情和主动性，长此以往，他们将很难胜任自己的工作，流落到被淘汰的边缘。

北京和谐建筑有限公司正在招聘技术员工，有很多人来参加面试，其中有3个人经过面试在众多的求职者中脱颖而出，人事部的领导对这3人表示祝贺，说道："恭喜你们可以脱颖而出。"随后，公司把他们3人带到了一块工地，这块空地里有几堆摆放很乱的砖头瓦片。领导告诉他们："你们每个人负责一堆，把那些拜访乱七八糟的砖瓦整齐地整理一下。"这3个人听到领导说的话很不解。第一个人说："我们不是已经被录用了吗？怎么还把我们带到这里来做力气活呢?"第二个人说："领导搞错了吧，我们可不是来干这个的。"第三个人名叫张明强，他说："先别说这些了，既然领导让我们干这个，我们就开始吧。"说完，张明强就开始干了起来，第一个人和第二个人说："那我们也只好跟着干吧！"干了没一会儿，手里的活还没到一半，第一个人和第二个人就开始慢了下来。第一个人说："领导已经不在了，我们可以歇会儿。"第二个人说："嗯，歇一会吧！"这两人都停了下来，不耐烦地坐在了地上。可张明强却还在继续干着手里的活。

过了一会儿，领导回来的时候，张明强还差几块砖就全都做好了，第一个人和第二个人干的活才做了一半。领导说："午饭时间到了，可以下班了，下午接着干吧！"第一个人和第二个人如释重负般地丢掉了手里的砖瓦，而张明强却坚持把最后这几块砖整理完毕。回到公司以后，领导对对他们说："公司这次只招聘一个人，刚才你们做是事情就是最后的考试，恭喜你，张明强，你被录用了。其他2个人，很感谢你们，你们二人有很好的能力，但是唯独缺乏工作主动性，所以很抱歉！"

现在有很多人就像案例中提到的第一个和第二个应聘者那样，对于领导交给的任务总是推三阻四，缺少执行力。上班总是踩着点，老板和上司在的时候就表现得很认真工作的样子；不在身边的时候就投机取巧。这些人总是被动的工作，在领导的催促下工作，勉强的把事情做完，甚至还不时地抱怨老板小气、苛刻，怨天尤人。并且工作的时候总是拖延，计算着每天的薪水来混日子，这样的人工作对他们来说已经成了负担，同时这样的人永远不会得到领导的赏识，更不会获得提升，甚至随时都可能有失业的危险。所以我们做好每一天的工作，自动自发才是关键。

3

自信是每天做好工作的前提

19 世纪，英国著名剧作家萧伯纳说过：有信心的人，可以化渺小为伟大，化平庸为神奇。由此可见，自信心于我们的意义非凡。在工作中，我们可以做的是，坚定自己的信念并在工作中果断坚持，勇敢说出自己的想法，让自己充满自信心，只有自己昂首挺胸，才是在复杂的职场中最有力的武器，只有建立自信心，才能取得事业成功。

在复杂的社会关系里，在复杂的职业战场上，没有人能陪伴你一直走下去，陪你走下去的人不是你的亲人，不是同事，更不是朋友。唯一一个能鼓励你，一直支持你，一直陪你走下去的人是你自己。所以，也只有你自己才能给你自信心，激励自己迎接每天的挑战，只有拥有自信心才是让你做好工作的前提。

在公司里，可能你是一个不起眼的小人物，没有人会注意到你。这个时候，你要给自己信心，应该积极地、主动地向前迈出大步，告诉自己："我相信，我能行！"寻找机会表现自己，比如一个会议，或者一个方案，主动承

担起这份工作并且努力去实现；或者你可以主动地帮助你需要帮助的同事，帮他们想想办法，解决一些问题。如果你能做到这些，你会发现你内心的变化，变得越来越有信心，也让别人看到了你的价值，使同事对你更加信任，你在职场里的地位也会随之改变。在职场上，你的语言表现力也是衡量你思维能力和表达能力的标准，更是员工需要具备的素质。语言的能力也是提高自己自信心的有效药剂。如果一个人可以清晰有调理地把自己想法和思路表达出来，那么他一定有着明确的目标以及强大的自信心，同时信心十足的语言表达也会感染到对方、吸引对方，让别人相信他所说。所以说，自信心是非常巨大的力量，只有拥有自信心，才能做好我们的工作。

在工作中要勇于表达自己的想法，不要太在意别人的想法，更不要害怕被嘲笑，只要将自己的想法和观点，清楚干脆地表达出来，让同事和领导听到你的声音，那么就一定会有收获的。同时，你的心里也会渐渐地充满了自信心，说话的技巧也会随之提升。如果你总是有自卑的心情，那么你就永远不可能说出你的真实想法，也就不会有自信心，更不会获得成功，自信心是走向成功的重要因素。

我们不但要在语言上充满自信心，在我们的身体形态上也要充满着自信心，走路时我们要身姿挺拔，交谈时，面带自信微笑，这些细节不但会增加你自身的自信心，而且更加提升了你个人的魅力。形体上的自信也可以强化你的语言自信心，能帮助自己保持一个良好的自我感觉，也会更加充满信心。

自信的态度往往是具有感染力的，有自信的人会将健康、积极、向上的信息传达给别人，专注的神情以及微笑的表情会让对方觉得你是一个可以信任的人；反之，茫然的神情、一副苦瓜脸就会让人产生不愉快的感觉，甚至让人觉得反感。所以我们在与人交谈时，应该挺胸抬头，这样才是对别人的尊重。健康、积极、向上的自信态度是员工开始进入最佳工作状态的前奏，只有在自信的状态下，员工才会对自己的工作投入热情。因此，我们在每天工作前应该舒展身心，自信地表达出自己的想法，这样你才会体会到工作带给我们的收获和乐趣，才可以做好每天的工作。

4

积极地开发出自己的潜能

据有关专家实验证明，人类目前只开发了自己10%的潜能，而剩余的90%的潜能还有待人们在生活和工作中不断挖掘。潜能就像是上天赋予人类的一座金矿，而只有尽力挖掘、不懈努力的人们才会找到打开金矿大门的钥匙。很多人认为事业成功的人们之所以能攀上事业顶峰，是因为具有与常人不同的品质或者能力，其实不然，许多成功人士的故事告诉我们，他们成功之前也是平凡而无奇的，但是他们都有一个共性：合理开发出了自己的潜能。

2011年10月5日，这对许多人来讲是平凡的一天，然而第二天的一则新闻却让许多人永远记住了这一天。因为这一天正是为社会进步和发展做出杰出贡献的世界电脑奇才史蒂夫·乔布斯逝世的日子。

史蒂夫·乔布斯被认为是计算机业界与娱乐业界的标志性人物，同时人们也把他视作麦金塔计算机、iPod、iTunes、iPad、iPhone等知名数字产品的缔造者，这些风靡全球亿万人的电子产品，深刻地改变了现代通讯、娱乐乃至生活的方式。乔布斯是改变世界的天才，他凭着敏锐的触觉和过人的智慧，勇于变革，不断创新，引领全球资讯科技和电子产品的潮流，把电脑和电子产品不断变得简约化、平民化，让曾经是昂贵稀罕的电子产品变为现代人生活的一部分。

乔布斯的一生是传奇的一生，甚至是有争议的一生，但无论如何都无法抹杀他对社会发展和人类进步所做出的卓越贡献。然而谁又能想到他只有高中学历，只上过六个月大学呢？他在19岁那年开始重拾童年时想要拥有一台自己的计算机的梦想，

并且为了达成这个梦想与同伴一起亲手设计了一个电路板,并且将6502微处理器和接口及其他一些部件安装在上面,通过接口将微处理机与键盘、视频显示器连接在一起,仅仅几个星期,电脑就装好了。就是这一台现代计算机的雏形,为日后的世界带来令他们自己都想不到的巨大变革。

乔布斯为了一个童年的梦想,努力挖掘出自己身上的潜能,因此才有第一台微型计算机的问世。正如案例中所说,他们做到了自己都想不到的事情。开发潜能让乔布斯为人们的生活带来了改变,由此可见,潜能对于我们的工作、学习甚至生活都能起到关键性的推动作用。

可以说,随着人类智能的开发和进化,人们已经在很多方面很多时间不经意中激发过这些潜能。但这些潜能的激发绝大多数都是在无意识中实现的,而真正有意识地开发个人潜能并不是一件容易的事,它通常需要付出极大的努力,绝不是凭空想象就可以做到的。但不可否认的是,积极地开发潜能对于自己的工作来讲,能起到巨大的推动作用。

现在已经有很多人正在展开对潜能的开发利用的研究和运用,并且已经找到一些切实可行的方法和途径,也取得了部分效果。潜能的开发必将引起越来越多人的重视,必将对越来越多的人的生活起到积极的作用。

随着社会的进步和人们生活水平的提高,对于人类自身的研究也必然引起更多人的关注。潜在的和尚未很好开发的许多尖端科技,将会越来越多地被人们所采用。绝大多数人都能在社会中找到自己的位置,做着自己认为很有意义的事,享受其中。在现实生活中人们相信自己的实力,明白挖掘潜能对自己的工作和学习带来的益处,才能在平凡的工作中作出不平凡的贡献。

5

专心是提升能力的“加速器”

不管你在企业中扮演着什么角色，基层员工也好，领导层也好，我们都应该用专心的心态来完成每一个任务。正如上节案例中提到的电脑奇才乔布斯，如果不是因为他专注于电脑的研究和设计工作，不断缩小电脑的体积，增加电脑的功能，那么我们今天就不会用到可以放置在手掌上的微型电脑。工作中我们应该专心并且竭尽全力。只有专心工作才是提升自身工作能力最快的方法，有的时候你会因为你的专心而得到意外的收获。专心工作是每个职场上的人都应该具备的品质，无论什么工作、什么职位，我们都要专心并且尽力地去完成，提升自己的工作能力，也给其他人做出榜样。

在美国，有一家公司招聘新员工，初试一般比较注重应聘者的在工作上的作风怎样，而在复试，一般会由总裁亲自进行考核。现任总裁瑞克汉德回忆起自己当时来公司参加面试时的情景，说道：“那一次是我人生中非常重要的转折点，如果没有对工作的专注精神，可能我今天也无法成功地坐到这个位置上。”

那天面试的时候，公司的总裁拿出一篇文章对瑞克汉德说：“请你把这篇文章认真地一字不漏地读一遍，最好不要停。”话音刚落，总裁就走出了办公室。瑞克汉德心里想：“不就是一篇文章嘛，又没要求我背下来，真的是太简单了。”于是他便开始认真地读起来。

过了一会儿，一位漂亮的金发女人走了进来，对瑞克汉德说：“先生，喝杯茶，休息一会儿吧！”这个女人把茶水放在了桌子上，并且对瑞克汉德微笑。瑞克汉德好像没有听见一样，还在认真地读着文章。

又过了一会儿，不知道什么时候进来的一只小猫，这只小猫趴在了瑞克汉德的脚边，并且用舌头舔着他的脚，他只是本能地移动了一下脚，甚至他都不知道他的脚下有一只小猫。随后，漂亮的金发女人又走了进来，帮他抱起了小猫。瑞克汉德此时还在认真地大声朗读着，没有理会身边的这一切。

瑞克汉德终于读完了整篇文章，他松了一口气。这个时候，总裁走了进来，问瑞克汉德："你刚才读文章的时候看到那位女人和小猫了吗？"瑞克汉德一脸迷惑地说："什么女人？什么小猫？"

总裁又说道："刚才进来给你送茶水的那位小姐是我的秘书，她请你喝茶你都没有理会她。"瑞克汉德认真地说："抱歉先生，我没有注意到。你要我不能间断地读，所以我必须集中精力才能做到，这是面试，我更要小心认真地读完，也许文章里面有值得我学习的知识。"

总裁听到后，很满意地点了下头，微笑地说道："年轻人，你今天的表现很不错，你被我们录取了。在面试你之前，有很多人都来参加过面试，但是却没有一个人符合我们的要求。"总裁接着又说："在美国纽约，有很多像你这样有专业技能的人，但是他们对工作缺少专注，但是你不一样，你一定会有前途的。"

专注是每个身在职场人士都应该具备的良好品格，职业素养。如果一个人不能专注的工作，是很难把工作做好的。在当代社会，没有任何一家企业欢迎做事不专心的员工，只有专心致志才能受到重用，把握明天，成就未来。员工如果想要在我们有限的时间里取得最大的价值和成绩，就一定要专心的做事，严格要求自己，提升自己，这样才能更快地成长，取得成功！

6

懂得取舍让你变身“工作强人”

现代社会，竞争的压力越来越大，很多人在大学毕业了之后，还要不停地考研考博，一步一步地逼着自己提高，生怕被这个迅速发展的社会甩在后面。而另外一些人，则是每日工作上瘾，在上班时间对自己高度要求，事无巨细，亲力亲为，所有的工作都要完美完成。如果工作中遇到瓶颈，就会感到自责，对自己提出更加苛刻的要求，甚至开始自怨自艾，责备自己能力不足，办事不力，从而给自己带来更大的压力。

在职场上有很多这样的完美主义者，他们工作最大的追求就是将每一次任务完美完成。他们对于事物的苛求会遍及到每一个环节的细微之处，严重时会近乎到吹毛求疵的程度。完美主义者要求自己对工作全面包揽，对自己工作挑剔的同时，对身边的人也求全责备。比如说，一个驰骋职场的女子，她总是要求助理报告公司的所有业务状况，财务状况和人事状况，每日对公司的动向都要达到全知的程度，即使出差几天，也要助理电话报告，有谁工作不够努力，不够负责任都要一一记录在案。她不仅对工作的下属苛刻，对身边的朋友也是一样，因此待在她身边的人都会觉得很紧张，很辛苦。

世间的任何事情都无法十全十美，工作中也是一样。完美是没有限度的，过度追求完美反而会让自己过度关注不切实际的目标，而不能脚踏实地思考。其实，人之所以不快乐，就是因为要求的多，放弃的少。无论你是企业的高管，还是普通的员工，任何人都不可能是十全十美的人，自然也不会做出来十全十美的工作。谁都没有超人的能力，一个人就可以解决所有的问题，并且完美无缺。在工作中，要学会适当的舍弃。舍弃那些繁琐的，终日揪心的日常事务，舍弃本可能交代下属去完成的工作，舍弃自己苛刻的条例，让自己能够轻松地工作。

著名的文学家托尔斯泰曾经讲过这样的故事。有一个人想要得到一块土地，于是地主说，明天早上的时候，你从这里开始跑，跑一段距离就做一个标记，然后你在太阳落山之前再回到这里来，只要你做过标记的地方都可以归你。那人听了地主的话，觉得条件这么优厚，我一定要拿一大片地回来。于是他就开始跑，跑一段距离做一个记号，他没了命的跑啊跑，眼看着一大片土地都将是他的了，那人很兴奋，跑得更卖力了。那人跑了很远的路，又赶在太阳下山之前跑回来，谁知，他跑回出发点的时候，早已经筋疲力尽，见到地主的时候，一下子就趴在了地上，死掉了。地主找人在原地挖了个坑，将他埋葬，并感叹道，一个人要多少地呢？就是埋葬自己这么大。

这个故事的道理很简单——欲望越多，越难达成目标。在他出发之前，他根本没有想过自己到底想要多大的土地，只是相信了地主的许诺，就奋力出发了。土地那么辽阔，可是他的欲望比土地还要大，不自量力地过度追求，只想着“我要更多，我要更多”，结果葬送了他全部的生活。

无论在工作中，还是生活中，很多事情都是不能要求十分完美的，鱼与熊掌不可兼得，何况漫长的人生呢？所谓“人有悲欢离合，月有阴晴圆缺，此事古难全”正是这个道理。你必须学会选择，懂得放弃。社会这样快速地发展，人们每日辛勤的工作，也不过是为了能让自己的生活过得更好，过得更幸福。如果你对工作的完美苛求变成了追求美好生活的阻碍，那么工作最后又有什么意义呢？所谓舍得，舍得，有舍才会有得。

从前有一个小和尚，他的师父吩咐他到山下去买油，走之前，师父特意交代，“一定要拿回来一碗油，不能让油洒出去。”

小和尚下山将油买完，小心翼翼地端着碗走上山来。一路上他不敢左顾右盼，也不敢看一眼山中的景色，可惜，由于他过度小心，在寺庙门口摔了一跤，结果油只剩下一半了。

师父看到只剩半碗的油很是生气，不过他忍住没有骂他，而是让他再去一趟，这次师父交代，“这次你回来的途中，要多观察山中的景色，把看到的人和事物都记住，回来跟我报告。”

小和尚听了师父的话，回来的路上一直在观赏美丽的风景，无论是远处山峰的形状，还是近处农民耕种的情况，他都一一记

在心里。不知不觉间,小和尚已经回到了寺庙里,当他把油交给师父时,碗里的油竟然还是满满的,一点都没洒。

现在有很多人就像第一次买油的小和尚一样,因为过度地关注行动的结果,不仅错过了沿途的风景,最后工作也没有有效地完成。其实,在工作中,并不是所有的事情都能够做得完美,给自己合理的预期,凡事做到尽力而为。做好自己的本职工作,在自己的岗位上尽职尽责就够了。在工作中不必事无巨细,学会与同事协作,并不是所有的问题都需要你来解决,合理地授权给下属的人,会让你的工作更加轻松有序。不要强求自己包揽所有的荣誉、奖章、升迁、加薪机会,你要永远记得,你努力的同时,有很多人比你还要努力,永远是山外有山,人外有人。

当你面对工作,整天情绪低落,郁郁寡欢的时候,就要学会放弃,放下手头的工作,放弃紧张的心态,清理垃圾情绪。谁都不能像机器那般的无休止地工作,面对越积越多的欲望,需要一种选择放弃的勇气,需要一种学会取舍的毅力,有些名利强求不到,就要试着放弃,有些工作做不了,就要试着放弃,做大事者不会计较一时的得失,无论是暂时的放弃钱财,放弃权利,放弃机遇,都是为了放下包袱,轻松上阵。没有今天的放弃,就不会有明天的得到。

放弃之后,你会发现,你不再贪婪,不再负累,不再整日被烦恼纠缠,整个身心轻松而悠闲。不苛求自己的同时,对身边的人也是一种解脱,与其耗费精力在角逐权利,贪婪金钱,贪慕虚名这些事情中,不如抽身而出,该舍就舍掉,只有这样,你才会在工作中收获真正的自由!

第十一章

工作贵在创新力:不墨守成规才会创出新业绩

如果你在工作中,不懂创新,也不会创新,只是一味地去模仿别人,那你可能永远都不会有进步,更不会有提升。员工的工作一开始会因为没有经验而去模仿别人,但是这个模仿一定是有创造性的模仿,在模仿中不断地创新,不墨守成规,才会创造出属于自己的财富和价值。

1

贵在创新：创新让你做好每一个“今天”

当今时代的发展是创造力被极力推崇的时代，许多人认为创造力是财富和成长的源泉。国家的发展需要创新，学生的学习需要创新，员工的工作一定也需要创新，只要社会在发展，创新必然会继续。

创新固然重要，而创新落实到实处才是关键，而拥有优秀创新能力的人才，是人类社会进步的核心推动力。在企业里，创新的人才更是企业提升竞争力的关键，创新也是员工高效完成工作，体现高价值、获取高薪水的必要条件之一。

成功贵在创新，创新能够帮助你的职业理想付诸实践，并做好每一个“今天”的工作。爱因斯坦也曾经说过：“想象力比知识更重要，因为知识是有限的，而想象力概括着世界的一切，推动着科学的发展、进步，并且是知识的源泉。”可见，员工的想象力和创新力对企业有多重要。企业中的员工，可以凭借自己卓越的创新能力，发现隐藏在问题之中的突破点，能够利用创新思维巧妙解决问题。这样的创新力无疑是成功的催化剂，但是，创新是一个非常笼统的概念，很多人不知道如何创新，其实创新最直接的表现就是拿出创造性的想法解决工作中的问题。如果你还是不明白，那不妨来看一个例子吧。

世界著名奢侈品牌香奈尔深受现在很多白领们的青睐，但是香奈儿在创业之初，却因为没有名气，导致产品滞销，公司一度陷入困境。面对公司的危难，销售部的一名普通的员工突发奇想，并把这个奇特的想法汇报给了领导，这个想法被香奈尔老板大为赞赏。

没过几日，在巴黎《日日新闻》上，人们看到了这样一则广告：香奈尔化妆品公司精选10名丑女，将在本周星期六晚上在巴黎大舞台与诸君见面。

广告刊出以后，被传为奇闻，到了周六晚上，很多人因为好奇，到场参观。当预定时间一到，帷幕拉开，10名丑女如鱼贯出，人们果然看到一个个面部长得丑陋的女人。顿时，人们欢呼声、嘘声一大片，很多人都在惊叹，怎么会有这么丑的女人。

这个时候，香奈尔女士温文尔雅、笑容可掬、神态自如地走上舞台对大家说："为了展示本公司化妆品的功效，请诸位朋友们稍等片刻，让丑女们化妆，再与诸位见面。"

过了一会，伴随着音乐，帷幕又一次拉开，化完妆后的丑女们一个个惊艳亮相，在绚丽的霓虹灯下，丑女们果然另有一番模样。这个时候，台下的人们无不叹服，特别的女性朋友们，争相询问香奈尔的购买地址。自此，香奈尔公司生产的化妆品在全球化妆品市场上成为了备受青睐的产品。

那个提出这个广告创意的员工，因为他的卓有成效的创意，成功地拯救了香奈尔公司。相信这个员工一定会被香奈尔公司重用。

因为有了创新，你才会保持做好每一个"今天"的工作的热情和积极性，创新能够激起员工自发的能动性，提高工作的兴趣和情绪。特别是企业里那些优秀的创新型员工，他们会想办法抓住脑海里盘旋的创意，不断地挖深，培养，然后经过研究会形成一个具体实施方案，这个方案能够帮助你解决问题，甚至改变整个局面。当然这些创意成功的关键就是付诸实践。没有行动，或者无法付诸实践的创意是没有任何意义的。

面对企业里毫无预兆的突发情况，以及纷繁复杂的挑战，员工们要如何利用创新力解决问题，完成任务呢？很多时候，员工们找到解决问题的方法之前，都要经历一个创意付诸实践的过程，想要利用创新的思维解决"今天"的问题，一般要经过以下几个过程：

(1)仔细分析，明确唯有创新性的方法才有可能解决目前的困难。

(2)冲破固有观念，用发展的眼光看问题，要随着事物的变化而不断改进自己的想法。

(3)善于观察和总结,创意无处不在,要从生活中细小处寻找灵感。

(4)面对挑战,自信非常重要。要相信自己一定能够找到解决问题的最佳创意。

(5)保持轻松愉悦的状态,积极面对所有的挑战,创意来临要即刻付诸行动。

创新能力是一个员工成功的资本,也是现代企业中众多优秀员工成功的关键所在。比尔·盖茨在访谈中不止一次地说过:“对于一个公司来讲,最为重要的就是一个员工的创造力。我们要做的事情就是招募那些世界上最聪明、最优秀、最肯干、最有创造力的人进公司。”如果你现在只是一名普通的员工,但是想在竞争如火如荼的职场中成为赢家,那一定要怀有超强的创新意识,充分利用自己的专业知识,带着积极主动、勤于思考的心态去工作,做到每一个“今天”的任务都尽心尽责的按时完成。这样你就有可能在面临任何情况、任何困难时都能够找到解决事情的办法,以至于有资格遥遥领先于他人。

所以,不管员工自身的能力如何,企业的规模如何,员工自身的能力如何,只要每天都重视创新能力的培养,就能够在风云突变的职场中,不断提高我们的工作能力,提升企业的竞争力。一个富有创新精神的员工和企业,一定不会被市场淘汰。相反,如果你只是每天幻想自己会成功,幻想自己某一天登上事业的顶峰,却不从脚踏实地去工作,这样的员工,即便有优秀的创意,也不会有机会付诸实践,为自己赢得成功的筹码,为企业创造财富。

2

创新是突破困局的唯一出路

有创新的人才会成功,因为历史上很多做出重大发明创造的人,大多

数都是有创新意识、敢于向千年不变的规则或者定律挑战的人。也许他们的做法刚开始的时候并不被世人所看好，但是一旦创新有了结果，人们就会欣然接受。在工作上也一样，员工里有一定创新精神的人，他们的观念也许刚开始不会被领导赞同，但是一旦他创新的想法顺利地解决了公司的问题，他就会被领导赏识。所以，员工想要进步，最好不要墨守成规，要有创新精神，创造性地为公司工作。

如果你不认为创新能够让员工进步，也无法认可创新会是突破困局的唯一出路，那就来看一则小故事。

在日本有很多“夫妻店”（所谓的“夫妻店”就是夫妻两口或者是一家人共同经营的商店或者餐厅，也有可能是旅馆。）他们的存在给日本的很多大都市增添了生机盎然的色彩。一家经营已久的夫妻店往往都有着独特的经营妙方。

在日本东京，有一家专门卖手帕的夫妻店，他们有着这样的一番经历：几年之前，他们的店曾经差一点倒闭，那个时候，由于超级市场里有很多品种各样、款式新颖的手帕出售，他们的生意因此越来越冷清。老板很担心自己经营几十年的老店因此关门，整日都很忧虑。

有一天，丈夫因为店里生意不好，沮丧地坐在店门口发呆，漫不经心地注视着过往的行人游客。看着那些来自世界各地的游客，突然，丈夫的灵感飞一般的出现。他不禁地叫了出来，把在店里打扫的老板娘吓了一跳。原来，他看到很多游客手里都拿着地图，他就想既然手帕上能够印出山水、花鸟，为什么不能印导游图呢？这样一物二用，游客们肯定会喜欢。老板娘听了老板的建议，也非常赞同。

于是他们立刻向厂家制定了一批印有东京交通图和旅游风景区导游图的手帕，并开始四处宣传。这个创意，很成功。广告打出去以后，不仅印有地图的手帕卖得很快，很多游客看到其他好看的手帕也会因为喜欢多买一些。就这样因为有了老板创新的点子，他们的手帕店才绝处逢生，生意又兴隆起来了。

看完上面手帕店绝处逢生的创新故事，你一定看到了创新的重要性。创新会让你走出困境，创新也会改变你的生活。在职场中，创新同样很重要，创新也不再只是单纯地指技术创新，也不再是职场成功者独有的名词。有了创新精神，创新就会无处不在。曾经有人做过“职场创新能力”的调查。调查结果显示，有近86%的职场人士认为“创新是对现状的改变和优化，不是只有特别大的发明才是创新”。可见如果每个员工都创造性地去工作，就不会在工作上陷入困局。

每一个人都有创新能力，差距就是有的人善于运用，并且有效激发创新的潜能，而有的人有创造力，却无法将自己的创新思维落实到工作中去。究竟怎么做，才能提高自己的创新能力呢？

(1)塑造自己的个性，让自己与众不同。所谓与众不同，并不是标新立异，而是要有独立思考的意识。在日常生活中，要有自己独立的思想，遇到问题独立的思考，从细节中培养自己独特的思维能力和观察力。而不是随波逐流，没有自己的特点。

(2)培养创新的习惯，杜绝一味地模仿和抄袭。

不管是在生活还是在工作中，模仿和抄袭的跟风现象越来越严重，人们普遍丧失了创新意识。比如，一个电视相亲的节目火了，立刻出现了很多相亲交友的节目。节日的时候，收到的短信越来越多都是转发了好多遍的内容。在工作中，想要进步就应该要有创新的精神。也许初入职场，你会先从模仿开始做起，但是优秀的员工会从模仿起步，然后不断地创新研究出自己的作品，或者是形成自己独特的做事方法。

(3)用心找到不同的方法解决问题。

无论在生活还是在工作中，我们都要做个有心人，这样才有条件成为一个有创意的人。有心的人，一定能够发现别人看不到的细节，找到别人想不到的解决方法。这样的人在职场中，在面临工作上的困难时，他们才会想到独特的解决方法。

总而言之，职场需要的是创新性的人才，员工想要发展，不仅要脚踏实地地做好今天的工作，还要在工作岗位上，积极进取，敢于创新。这样才能够在平凡的岗位上创造出不平凡的价值。

3

独立思考打开创新力的大门

独立思考的员工能够在工作岗位上,充分发挥自己的主观能动性和创造性,能够开创新的方法来解决工作中出现的问题。这样的员工还能在工作中做到不保守,极富创造性地开展工作,大胆地将自己的创意付诸实践,并能够取得优秀的成果。他们是企业迫切需要的人才。

只是这样的员工,在企业里并不多见,如果你想成为一名有创造性的员工,要怎么做呢?这个时候,最简单也是最直接的方法,就是遇到问题要学会独立思考,自己寻找解决的方法,而不是工作上出现了困难就请教同事或领导。只有在独立思考中,才能得到锻炼和提升,只有在独立思考中,才能打开创新力的大门。

既然独立思考能够打开创新力的大门,那员工在企业里怎样才能够从工作中提升自己创新的能力呢?

首先,员工要能够主动地发现问题、分析问题和解决问题,用实践去检验自己的创意是否正确。不管你的创意是否能够帮助你解决问题,也不管创意是否被领导所采纳。创意的结果并不重要,重要的是你在独立思考中,锻炼了自身的创造性思维。这种创新思维的锻炼,并不是手到擒来的,它和机遇一样可遇而不可求。

其次,员工在提高独立思考的能力,提升创新精神的过程中,还要注意不被老旧的思想束缚,不盲目地四处寻找方法,也不要依赖和轻信别人的经验。要在深思熟虑之后,经过独立的思考找寻的问题的关键。这样经过自己的努力,找到问题的症结所在,然后亲自着手解决问题,才能够达到提升独立思考和创新的能力。

最后,我们要告诫员工的,独立思考是一件很费力的事情。并不是说你下定决心遇到问题先独立思考就能够找到解决问题的方法,就能够通过独立思考打开创新力的大门。独立思考在开始的时候是一件既费时又费力气的事情,很多员工也许苦思冥想半天,也找不到解决问题的方法,这个时候,员工千万不要深陷迷途,在自己找不到答案的时候,一定要善于运用周围的条件帮助自己。比如,可以问问同事的意见,或者是可以让领导帮忙。这个漫长的独立思考过程,才是员工提升自己,发展创新能力的关键,唯有经历这样的过程,才能够给员工日后的工作带来好处。

有位企业的老板曾说:"我认为接到指令后就去执行的员工是不会有出息的,他需要我具体而细致地说明每一个项目,完全不去思考任务本身的意义,以及可以发展到什么程度,因为他们不知道思考能力对于人的发展是多么重要。"其实这个老板的话你可以理解为,我需要的是有较高独立思考能力的员工,而不是只会听从命令的员工。确实,一家优秀的企业它需要的是优秀的人才,而优秀的人才就是那些喜欢独立思考,拥有创新能力的员工。这类员工凭借突破性的创新力会成为企业重视的无价人才。因为具有创新力的员工,才是员工发展所需的人才。

如果你因为懒惰,或者是对老板不满意,抱着无趣的心态去应付工作,那你一定不会有独立思考的习惯,如果你抱着这种心态想在职场中赢得自己的荣耀,那犹如痴人说梦。因为不管因为什么原因,一个没有独立思考能力的员工是无法承担企业赋予的重任的,这种人只会被竞争激烈的职场淘汰。

4

创新贵在坚持

创新一词在我们的生活中随处可见,生活中有很多创意提高了我们的生活质量,也增添了生活的乐趣。在企业里,领导们会特别重视创新,

他们会提倡员工要有创新精神，也会专门成立研发部门，以便达到提高企业创新力，提升企业效益的目的。创新在生活中扮演的角色越来越重要，很多人都会把创新当做一个人或一个企业，甚至一个国家是否有发展前景的衡量标准之一。

创新最常见的表现就是创意，而创意就是极具新颖性和创造性的想法。有人说，只有创新的企业才能够在激烈的竞争中立于不败之地，只有懂得创新的员工才能够为企业创造财富，受到企业的重视。创新的想法是员工在工作中日渐累积的智慧结晶，创新的员工是不拘于常规的，他们既有敢于创新的勇气和自信，也有卓越的思维和细致的观察能力。创新的员工还具有极强的责任心和主人翁精神，他们会把企业发展当成自己的事业，本能地为企业赢得利益和创造利益。他们懂得创新是需要坚持的，知道创新并不是突发的灵感，而只有坚持才能够不断地创新。

2011 年 1 月 18 日晚，格力电器总裁董明珠再度荣膺 2010 央视中国经济年度人物创新奖。这个奖项是对董明珠及格力团队过去十年持之以恒坚持创新的肯定。董明珠一再强调，中国制造要真正向中国创造转型，必须是自己掌握核心技术。“格力坚持创新核心技术，就好像手里拿着金钥匙，心里特别的踏实。”

就在董明珠获得此奖项之前，她在珠海格力总部接受接受《南方日报》记者专访时表示：“格力今年销售额继续稳步增长，估计是 15％－20％以上，”事实上，格力 2010 年的销售额已达 600 亿元了，比去年的销售额增长了 180 个亿。格力从 2 亿发展到 600 亿元销售额，是凭借自己的质量与技术稳健发展，而不是依靠资本运作来获取利润，一年增长 180 亿元是格力集团坚持创新，努力拼搏的结果。

在格力集团获得空前的成功之时，在董明珠自信满满之际。格力的成功之道值得每个企业去深思。众所周知，格力之所以达到今天的成就，是格力在制冷技术研发领域上始终保持着超群的实力。格力电器在国内空调行业中获取的专利技术最多，是行内科研投入最高的企业。迄今为止，格力拥有专利技术 3000 多项，其中发明专利 300 多项；开发产品品种规格超过 7000 款。光是 2009 年，公司在研发上的投入就超过 20 亿元，

2010年超过30亿元。用董明珠的话说，格力在创新研发上的投入上不封底，“需要多少投入多少。”

格力的成功是企业重视创新、落实创新的结果。但是创新重在坚持，创新不是心血来潮，也不能三心二意。不管是企业还是员工，想要成就一番事业，就要始终坚持创新精神。

在生活中，我们要用创新的精神和态度去改变生活、享受生活。在工作中，我们更要做一名有创新精神的员工，让自己工作中的每个创意都能够产生更多的价值，并且坚持下去，这样才有机会成为企业里优秀的员工。创新精神会让员工在企业里积极而轻松愉快的工作，而这样能够提高员工的能力和办事效率，更能提升企业的整体效益，何乐而不为呢？

5 要创新就必须抛弃“经验主义”

任何一家企业都需要有创新精神的员工，工作有创新，才能激发自己的工作热情，让自己做到更好。创新工作不仅会让自己的企业受益，自己也会收获很多。一个工作能力好，又有创新精神的员工一定是名优秀的员工，而优秀的员工一定会受到企业的重用。

但是，在工作中找到为企业出谋划策的创意并不是每个员工都能做到的，大多数员工一开始的工作都是在模仿。新员工在老职员的带领下，摸索着去工作，随后逐步的独立完成任务。这个过程中，有的员工会进步地很快，而有的员工却是止步不前。之所以会有这样的差距，就是因为止步不前的员工在模仿中，不懂得创新，没有抛弃“经验主义”。虽然工作完成了，却没有找到自己独特的工作方法。这样的员工想要创新提升，无疑是困难的。

爱迪生在自己建立的实验室里发明了白炽灯以后，白炽灯并未停止进化，聪明的人类在白炽灯的基础上有了GE(通用电气公司)。而药剂师坎德勒发现了一种味道奇怪的饮料配方，于是有了可口可乐公司。这样的成功，都是在一个个创新的发明下演变而来的。现在，即便是科技发达的21世纪，创新依旧在继续，任何进步都离不开创新。

我们说当下的发展离不开创新，成功都是在一个个创意基础上展开的，但是创新一定要抛弃“经验主义”。创新不能守旧，创新必须要抛弃老旧的观念束缚，教条化的经验主义会让创意无法伸展。而具有经验主义的员工会在工作中脱节，因为长久的工作思维和程序已经形成的固定的模式，这样毫无创新的员工终究会在工作中失误，也因此无法为企业创造商机，终会成为职场竞争的淘汰对象。

一家企业想要员工拥有创造性，是可以着手培养的。究竟企业要如何培养员工的创新能力呢？

(1)提升员工对工作的好奇心。

尽管好奇心和创新不是一个概念，但是只要有了好奇心，就能够激发出创造性的思维，这样自然会有创意产生。提高员工对工作的好奇心，员工对工作有了好奇心，就能够从中找到乐趣。也因此能够激发自身的潜能，这样的员工才有可能打破常规，有所创新。

(2)激发员工的求知欲。

企业要时刻激发员工的求知欲，让员工以一种求知的心态去工作。因为员工不满足现有的工作知识和技能，才有可能以敏锐的态度，求知的思想去工作，这样的思想很大程度上能够促进创新能力的开发。

(3)集中注意力，用心观察。

创新一定是在集中注意力的环境下进行的，注意力的集中决定着思维开拓的深度和广度。所以员工集中注意力对事情的前因后果进行细心的观察以后，才能够创造性地找到解决问题的方法。

(4)创新要有积极的心态。

所谓情绪影响行为，人只有在轻松积极状态下，心理和生理会有积极的反应，心思维才会活跃。所以，培养创新能力，一定要抛弃定势思维的束缚，积极地为自己营造一个和谐的环境和心态。

企业里的任何员工，在解决工作问题的时候都会遇到新的问题，这个时候就需要新的方法。而新的方法只有创新性的思维才能找到，因而只有打破老旧思维，抛弃“经验主义”，突破常规做法，才能够顺利地解决问题。

当下我们处于创新的时代，创新不仅在继续，而且由单个人的创造实验转变成一群人的饕餮盛宴。如果你想达到自己的事业巅峰，如果加强企业应变复杂商场的能力，那么从现在起，你就要抛弃“经验主义”利用创新打开强者之门。

6

做好今天：冲破思想牢笼，实现自我超越

企业中员工们的工作大多数是固定不变的，有的人也许一辈子都是在做同样的工作。在固定的环境中工作，难免会形成固定的思维模式。这样的员工倘若遇到新的问题，又该如何解决呢？这个时候，就需要员工冲破思想牢笼，培养创新意识了。高质量地解决固有模式中的新问题，就需要创新的精神。只有冲破旧传统的思想牢笼，时刻把握当下，按时做好今天的工作，才能真正地实现自我超越。

在中国的电影圈里，一直流传着这样一个传奇的故事：在某电影制片场，有一名道具师，他的工作就是收发和保养道具。由于长期在电影制片厂工作，他渐渐熟悉了制作电影的流程，于是，他有了想当一名导演的梦想。

最初，当他和朋友们说起他的梦想的时候，朋友不是嘲笑他就是劝解他，因为从一名道具师到导演这差距实在是太大了。

在这以后的几年里，他除了做好道具师的工作以外，还特别关注电影制作的过程，以及相关的工作环节，渐渐的他掌握了一

些导演的基本流程,并能够帮助导演做一些专业性的工作。时间长了,他在电影圈里也有了些名气,甚至已经可以独立导演一部小影片,他终于实现了自己的梦想,成功的跃升为一名导演。

在他成功导演了一部小成本的影片之后,他并没有停止导演的探索和学习。终于,已经小有名气的他抓住了一个千载难逢的机遇。他得到了一个大企业家斥资几千万的投资。终于,一直梦想超越自己的他将要做导演一部商业大片。影片上映后,他导演的商业片票房破亿,刷新了当年电影票房的新纪录。

当记者采访他,问到他为什么会取得这么大的成功时,他微笑着说:"我一直觉得自己是悬崖边学飞的雏鹰,只要迈出了第一步,就离学会飞不远了。"

他就是多次与周星驰等巨星合作的香港导演陈嘉上。

的确,一个人的成功并不是偶然的。他们都是站在努力、坚持和勇气的悬崖边上一跃而起的。他们努力取得成功超越别人的同时,也超越了自己。

现实中,有很多员工工作久了,形成了固定的思维模式以后,就会习惯性地从固定的角度去观察和思考问题,习惯于用固定的程序去处理问题,也习惯用固定的思维方式接受事物。这样的思维定式从某个角度来看,是有一定的好处的。它将人们以前解决问题的方式和方法程式化,当人们再次遇到类似问题的时候,可以非常熟练的解决,这样不仅节省了时间还提高了办事的效率。但是这种固化的思维模式,会束缚人们的思想,人们会逐渐依赖这种模式,当遇到新问题的时候,会慌张失措,无法积极的应对和解决问题。

每天的工作都不会是一样的,所以想要做好当下的工作,就要怀有创新的精神,冲破思想束缚,寻找新的方法去解决。比如,牛顿的万有引力定律在地球上是正确的,但是一旦超出地球这个范围,在外太空,万有引力定律就不再实用。想要创新工作做好今天,就要走出定式思维。那么,如何打破思想牢笼,实现自我超越呢?

(1)常规方法不要深信不疑。

当新的一天工作开始的时候就要想着,解决问题的方法有很多种,要善于思考。如果你在工作中形成了定式思维,已经习惯了用自己的方法去解决问题,那在遇到新的问题,新的困难的时候,你最好不要马上着手去工作,而是静下来想想,今天工作中遇到问题,是不是还可以用其他的方法解决,是不是用其他方法解决的更快、更省力。只要养成善于思考,知道想办法,就能够有效避免深入定式思维中。

(2)换个角度看问题。

解决工作中出现的问题的方法不会只有一种,如果员工已经形成了定式思维就会片面地去看待和解决。不如换个角度就可以看到事物的多面性,就能够找到不同的解决方法。所以想要实现自我超越,就要学会从多个角度思考问题,找到不一样的解决方法。

(3)超越自我,敢于尝试。

工作中遇到问题的时候,要勇敢地面对,大胆尝试,总会找到解决问题的方法的。如果不敢尝试,问题永远不会被解决。况且,勇敢尝试,进行实践就能够发现问题远没有我们想象中的那么难以解决。

超越自我的完成今天的工作,并非一件易事,敢于超越自我,冲破思想牢笼寻找新方法去解决问题,是打开一切"不可能"的金钥匙。就像美洲新大陆的发现,是因为哥伦布不断超越自我开拓寻找的。同样的道理,一位优秀的员工,也要有超越自我的拼搏精神和坚强的意志。敢于冲破自我,是员工创造性地完成工作的基础,也是创造出惊人的、令人羡慕的业绩最好的方式,如果你是这样的一名员工,你一定会获得老板的赏识。

职场中,坚持每天都做好今天的工作是非常好的习惯,这样员工能有足够的时间去学习其他能够提升自己工作能力的事情。作为一名优秀的员工,解决工作中出现的各种问题的时候,会敢于尝试,敢于冲破思想牢笼,实现自我超越。

第十二章

工作好在执行力:每天执行到位,方能每天落实到位

行动永远胜过完美的计划。任何企业中都不缺乏有能力、有头脑的人,缺乏的是有责任心,有执行力的人。纵使你有满腹才华,但是无法有效执行工作,同样会被企业抛弃。没有执行力的员工,就像是不会生长的塑料花,终究不过是个摆设。做一个有执行力的员工,就要有强烈的责任意识,行动意识,在接受工作任务之后,勇于做第一个迈出脚步的人。

1

不要应付地执行，而要负责地执行

世界每天都在发生着奇迹，为什么有的人竞选成为总统，而有的人只能一辈子当清洁工？为什么有的人一夜暴富，而有的人一辈子都是一贫如洗，为生存最基本的物质条件挣扎着？为什么有的人时时刻刻为了自己的理想奋斗着，而有的人却每天浑浑噩噩地，过着混吃等死的日子？

如今的职场已经不是别人不努力，而你在奋斗，你就会比别人出色的传统规则了。现实的情况是，当你在奋斗的时候，别人也在奋斗；当你在努力的时候，别人也在努力，并且永远有人比你更努力。在发展速度如此之快的社会中，仅仅懂得基本的生存技能是不足以在社会激烈的竞争中生存下来的，机会永远留给有准备的人，这个世界的机会是为那些懂得如何做事，也懂得如何把事情做好的人准备的，他们对待工作不敷衍了事，不简单应付，而是以最负责的姿态将事情完成。

托尔斯泰曾说过："一个人若是没有工作热情，他将一事无成，而热情的基点正是责任心。有无责任心，将决定一个人生活、家庭、工作、学习的成功与失败。"如果一个员工热爱、忠于他的本职工作，那么他就会尽心尽力，发挥自己最大的潜力去投入到工作中，会把工作当成是一种享受，一种使命。一个没有责任感的人逃避责任的理由，就是把一切错误、罪责推向他人，推向企业。

在现实工作中，有些员工整天地抱怨公司，抱怨工作，却从来不知道要反省自己的工作态度。他们在每天敷衍工作，抱怨得不到重用的同时，还不忘了到处宣传自己的言论，"差不多就可以了"，"怎么做都是给别人

打工的，何必那么认真呢？”“这份工作完全没有意义，不值得我认真做”等各种各样的借口。他们不能全身心地投入工作，不能在工作中做出出色的成绩，自然晋升加薪这样的事情都不会轮到他们。更重要的是，在每日重复的生活中，他们失去了积累自己、提高自身的机会，即使遇到他们所谓的“值得”的工作，他们有限的能力也不能够胜任。

当年，海尔卫浴分厂的厂长魏晓娥在日本学习的时候，曾经发生过这样的事情。魏晓娥每天在日本先进的卫浴工厂学习着世界上领先的技术，但是她一直疑惑，为什么日本卫浴工厂的废品率一直控制在2%？有一天，魏晓娥忍不住问日本的工作人员，“为什么产品的合格率一直都是98%，把合格率提高到100%不是更完美吗？”“100%？你觉得可能吗？没有人可以做到100%”日本工作人员的说法让魏晓娥一瞬间解开了萦绕心头许久的疑问。魏晓娥终于知道，日本卫浴工厂的废品率一直保持在2%的原因，并不是工厂相关技术人员的技术能力不够，而是98%合格率这个固定的思想态度给他们上了枷锁，完全禁锢了他们的大脑，让他们根本不敢想把合格率做到100%。

海尔之所以能够成为如今国内数一数二的企业，其中首要的原因就是海尔拥有像魏晓娥这样，不是为了应付老板而工作的员工。她在学习的时候完全可以照搬日本的生产经验，日本的合格率在98%，回国来海尔也按照这个概率生产并不会产生问题。因为魏晓娥身负着企业给予的信任和责任，所以她在学习，在工作的过程中，能够将企业的利益考虑在第一位，照搬他人的经验固然可以一时间掌握技术，可如果没有亲自参与，耐心钻研的过程，又怎么会做到青出于蓝而胜于蓝呢？

《泰晤士报》的专栏作家蒙迪斯泰尔曾说过，“每个人都被赋予了工作的权利，一个人对待工作的态度决定了这个人对待生命的态度。当我们把工作当作一项使命时，就能勇敢地肩负起工作赋予的责任，从中学到更多的知识，积累更多的经验，就能在全身心投入工作的过程中找到快乐，实现人生的价值。”一个出色的工程师，他可以盖出华丽的大厦，也可以盖出粗制滥造的木屋，其中原因并不是他年纪增长或者技艺的倒退，而是工作态度的问题。如果你要求自己在一定领域有出色的表现，就必须要求自己按照100%的标准来完成工作，仅仅让工作满足老板的要求是不够的，既然你已经做到了99%，何不为自己多做出那个1%呢？那多出来的一个1%，就是今后使你不同于大多数人的筹码。在职场中，只有认真工作才是真正的聪明。职场中晋升最快，得到老板最多器重的也是那些工作认真，踏实肯干的人。如果今天你敷衍了自己的工作，那么明天你敷衍的就是你的人生。

2

理解领导意图，找对执行方向

在企业中，有很多人每天卖力工作，总是在老板交代工作后的第一时间就动手工作，自己还要沾沾自喜自己的办事效率高超，结果却往往适得其反，他们完成的工作常常在拿到老板手里第一时间就被否决了。这样的事情每天都在发生，其中原因就是员工在没有充分领会老板意图，自以为是地按照自己的理解执行工作，遇到困难的时候也不能在第一时间内和老板沟通，那么所有工作都将成为建立在员工个人理解能力下的工作，很大一部分也不幸地成为“无用功”。许多企业经营失败，往往也是因为它的决策层和执行团队不能有效交流信息，员工不能完全领会老板的真正意图，导致执行方向错误，长此以往，企业不仅失去长足发展的机会，更大的危机也会随之而来。

从前有一个人，他刚刚搬到了新家，于是想要在客厅里订一幅画。他一个人一边扶着画，一边钉钉子很不方便，就请来邻居帮忙。一开始，这个人已经把画扶在了墙上，准备钉钉子了。突然他的邻居说，“你还是不要这样订了，订两块木板在墙上，然后把画挂在木板上就可以了。”房子的主人听从了邻居的建议，找来了两块木板准备订在墙上。邻居看见主人要砸钉子时，突然

又说，“这木板有点大，最好把它锯掉一部分。”于是主人出去找来了锯子，打算先把木板锯短一些再订到墙上去。刚刚锯了两三下，邻居又说，“这锯子太顿了，这样得锯到什么去呀，咱们得找个锉刀磨一磨它。”过了一会儿，主人找来了一个锉刀，邻居看着锉刀说，“这把锉刀没有把手，怎么能用呢？等我找个把手回来吧。”说着邻居拿着锉刀出门去了。主人手里拿着画，一直在等邻居回来，可是邻居走了一个下午也没有回来，于是主人还是按照原来的计划，一边一个钉子将画订在了墙上。晚上的时候，主人在街角遇到了疲惫不堪的邻居，他手里正拿着一个安装了新把手的锉刀。原来他去郊外找到了一个木匠，等了一个下午的时间，请求木匠为锉刀安了一个新把手。

在工作和生活中，有好多像这位邻居一样付出了很多辛苦，终究也不能把事情做对的人。他们完全按照自己的想法在做事情，遇到一个问题，就只看到眼前的问题，急急忙忙地解决掉之后，不曾想接二连三的新问题又接踵而至。他们沿着这样的思维路线一直向前走，忙忙碌碌付出了很多无用的辛苦，直到最后忘记最初的目的。这种人看似整天劳碌奔波，比别人辛苦，比别人花费更多的时间和精力，而事实上，他们完全没有领会事情本身的要点在哪里，这种人就属于典型的无法正确做事情的人。

对于企业中的员工来说，做多少事情，费多少力气和时间都不在老板的考虑范围内，重要的是员工能够在第一时间领会领导的意图，并且将事情做正确。有一个说法叫做，做正确的事要比正确的做事来得更重要。比如说一个生产线上的员工，他们每天都在按照工厂的合格标准工作，生产出来的也是达标的产品，他们都在正确的做事。然而实际上，他们所生产的产品早已经被市场淘汰，完全没有商业价值了，那么这些正确的事又有多少是做对了呢。只要你方向错了，无论你做事情的方式方法有多么的正确，其结果都是徒劳无功的。因此，企业中的每一个员工在开始工作之前都应该首先确保自己在做正确的事。如果你不能确定现在的道路是否正确，那么先让自己停下来，通过和领导沟通，或者和同事沟通的方法，先将正确的方向找到，这样才能保证你的下一步工作是有意义的。

作为工作的执行者，首先要做到的就是百分之百理解任务的内容，这不仅需要个人的悟性，还需要在日常的生活中勤动脑勤动手，掌握领导的行事风格，说话方式。很多时候，作为领导和上司，他们不可能把每件事的意图都向下属解释得一清二楚。这种情况下，员工只有多想、多问、多领悟，才越能正确理解、领会领导和上司的意图，执行起来才不会走样。

3

服从第一：做一名懂得服从的员工

在部队中，士兵学到的第一条纪律就是服从——无条件服从上级的命令。军人通过对上级无条件地服从来体现军人对军队的忠诚，企业中的员工也是一样，忠诚的第一步就是放弃个人的独立自主，百分之百地服从上司的指令，接受企业的价值观念，以便个人和企业一起达成最终的商业目标。

每一个公司都会制定年度规划，季度规划以及细致到每一个月的工作规划，上司在安排工作的过程中也会充分考虑员工的个人素质，公司的发展阶段以及员工和公司发展的匹配程度，综合各个方面因素的利弊之后，上司才会运用他手里的权利来发号施令。员工需要充分理解上司的用意以及自己的责任，这是和整个企业发展分不开的。因此做一名懂得服从的员工，才能在每一天的工作中，对企业的价值理念、运作模式、行业地位等各个方面逐渐有一个透彻的理解。毫无疑问，一个持久高效发展的企业必须拥有一个组织观念强，服从观念扎实的团队，因为企业就像一个国家，一个军队一样，每一个员工的服从观念都会决定企业在竞争中的成败。

有一位退役多年的首长，讲起当年他参加兰州战役的时候，总是带着喜忧参半的神情。那是在1949年解放战争的时候，老首长带着一个排的兵力，几乎消灭了敌人一个营的兵力，不仅缴

获了大批的武器，而且抓获了两百多名的俘虏。从老首长手舞足蹈的表情看来，这次战役一定是他战斗生涯中经历的最精彩的一次，可是说着说着，老首长的表情却渐渐地哀伤起来。原来，这次战役的确是老首长一生中打得最漂亮的一仗，可惜的是，这位身经百战的战斗英雄在一生中最精彩的一次战斗行动中，不仅受了处分，而且还被撤除了排长职务。

为什么打了胜仗还要受处分？原来，按照上级要求，这位老首长当时应该率领一个排作为“诱饵”，在前方战场和敌人交锋，并佯装溃败，以便诱敌深入，从而辅助后期的大部队全面消灭敌人。正是由于他大张旗鼓地赢得胜利，使敌人的大部队有所警觉，最后我方的大部队丧失了最佳的乘胜追击的机会。这位老首长因为没有严格执行上级的命令，完全按照自己的想法指挥战斗，做了一件“逞英雄”的蠢事，结果违背了全局的战略意图，在小部队收获“芝麻”的同时，让部队失去了收获“西瓜”的机会。

作为企业的员工，你必须清楚地知道，上司是公司事务的核心决策层，公司里虽然没有军队那样严格的等级制度，但是彼此的上、下级关系，指挥与服从的关系还是存在的。在工作中，上司和员工所处的位置不同，考虑问题的角度就会有所差距，处理问题的方法也会不同，因此要求员工在工作中，要尽全力服从上司的命令。如果上司的意见有所偏颇，和你本身考虑解决的方式大相径庭，你要首先让自己冷静下来，稍后寻求巧妙的方式和上司沟通，或者用字条、邮件的方式将自己的想法传递给上司，或是私下里和上司单独沟通，千万不可一时冲动，当面冲撞上司，挑战上司的权威，更不能在背后指责上司，营造中伤他人的言论氛围。毕竟，作为上司，他需要维护在众多员工中的尊严和权威，千万不要让你的聪明和才干，因为一时的冲动而被埋没。

作为下属，在服从命令的同时，如果你能学会和上司换位思考，经常站在上司角度考虑问题，你就会理解，上司对下属的严格要求并不是针对某个人，而是保证工作顺利进行的需要。学会换位思考，就会更好地理解上司的命令和指挥，也会更心甘情愿地服从上司的命令。

4

高效执行:执行要的是结果,而不是“苦劳”

在公司里,往往存在着这样的员工,他们要么等着工作找到自己,要么等待着机会降临,或者等待万事俱备的时候才开始动手工作。世界上没有完美的事情,万事俱备不过是人们不愿意动手做事的借口,很多人习惯等待所有条件都符合条件再真正开始行动,殊不知,等待“万事俱备”的同时,你或许已经丧失了灵感带来的乐趣。如果你接到一项工作,那么就要立即行动,因为世界上正有无数的人因为一句“等一会儿”而耽误着生命进程,那些因为懒惰而拖延工作的人,日复一日地等待着下一刻的行动,今天做昨日的事,明日继续收拾今天留下的任务,纵使你有一个天衣无缝的计划,也没有“现在动手就做”来得实在。

在公司里,优秀的员工雷厉风行,遇到事情当机立断,清楚明白什么时候该做什么,绝对不会拖拖拉拉,等待被形势逼迫才着急去完成工作任务。立即行动,这是一种被众多企业崇尚的工作态度,它可以让你用高效的执行力着手工作,帮你消除在工作中看似可怕的困难和障碍,还会引领你更快速地达到成功的彼岸。

没有任何一个员工是不劳而获继而平步青云的,个人收获的多少全部取决于员工努力的程度,而在执行工作的过程中,克服惰性的同时,还要避免自己陷入徒劳无功的怪圈,做一个头脑聪明,又具有高效执行力的员工。

有一个求职者曾经抱怨过,他的性格老实,本分,一直以来都踏踏实实地工作,一步一个脚印地干活儿。有一次,上司交代了新的项目,不仅任务量大而且时间紧,可他二话没说,还是埋头干起来,从来没有抱怨过苦和累,最后加班加点地坚持把工作完成。虽然最后延了两天工期,但是那个项目是整个公司做得最好的一次,即使这样,最后老板还是嫌他工作拖拉,耽误了项目完成的时间,甚至在员工大会上指名批评他。

企业中有很多这样踏实肯干的员工,从来都是一丝不苟地对待工作,但是对于企业来说,单单把某个项目做好是不够的,要在最短的时间内做出好的成绩,这才是职场中生存的法则。如果你在一个公司中处于一个特定的位置,却不能在有效的时间内将工作完成,那么首先你就是一个不称职的员工,同时更不可能成为公司的优秀员工。埋头苦干本身并没有错,但是埋头苦干并不等于花费更多的时间,耗掉更多的精力来完成同样份额的工作任务,在努力工作的同时,还要学会聪明的工作。这个聪明并不是说在工作中耍伎俩,讨好上司之类的旁门左道,而是说员工要学会在时间一定,工作任务一定的前提下,寻找最高效的执行方法,通过提升执行力,进而提高整体的工作效率。

曾经有两个从同一所大学毕业的大学生,同时进入一家公司工作。可是若干年后,他们在公司里的待遇和地位却千差万别。究其原因,那个成功者凡事积极主动,老板交代任务立即执行,而那个平庸者做事死板,凡事都要按照他的要求来进行,经常将事情拖到不能再拖为止,结果每每他付出的努力要比成功者多很多倍,却总是得不到预期的效果。

工作中保持高效率办事的员工,都有限时完成工作的观念,他们都习惯在工作之前做好计划,估计每项工作所需要的时间,并要求自己在规定的时间内完成。良好的规划,加上立即行动的执行力,会让你将劳役重负远远抛掉,当你发现自己能够在更短的时间内做更多事情的时候,说明你的执行力已经大大提高,同时意味着你成功的几率又多了一成。

5 守纪律的员工每天都能高效执行

众所周知,无规矩不成方圆。纪律是保证每个企业正常运行的根本所在,也是企业对员工进行管理和调配的依据。员工如果没有纪律的约束,企业管理就成了空谈,各个部门就会变成一盘散沙,既没有凝聚力,也没有战斗力。如果企业中的员工个个都自以为聪明,总是对组织下达的命令持怀疑态度,找各种理由拖延执行,反复讨论更完美的决策,这样既不可能拿出更完美的方案,还要浪费掉原本用来实践工作计划的时间。长此以往,员工丧失了对于工作的责任和目标,出现不敬业,无责任感,办事能力低下的现象,令企业不得不裁减这样的员工,否则就会面临关门大吉的威胁。

美国著名的巴顿将军曾经说过,"纪律只有一种,那就是最完善的纪律。假如你不执行或者维护纪律,你就是潜在的杀人犯。"正因为巴顿将军深刻地认识到纪律对于军队的重要性,因此他要求自己严格执行纪律,并要求他的部下也必须如此。严格地遵守纪律也是他成就事业的重要原因之一。

春秋时代有个伟大的军事家名叫孙武,有一天吴王让他训练女兵,并且拨了一百多位年轻貌美的宫女给他。随即,孙武把宫女编成两队,用吴王最宠爱的两个妃子作为队长,然后把一些军队练兵的基本动作教给她们,并告诫她们必须要遵守军令,违令者军法处置。

不料宫女们平时散漫成性,根本没把孙武的话放在心上。于是,孙武一板一眼地开始发令时,宫女们都觉得好玩,一个个笑得前仰后合的,彼此之间还窃窃私语,笑话着站在队伍前面喊着口号的孙武。

孙武一开始以为自己的话没说清楚,便重复一遍,等第二次再发令的时候,宫女们还是只顾嘻笑,像一盘散沙一样,毫无纪律性。这次孙武生气了,便下令把其中一个队长拖出去斩首,理由是队长领导无方,带头不遵守军规。

吴王听说要斩他的爱妃,急忙向孙武求情,但是孙武说:大王既然已经把她们交给我来训练,我就必须依照军队的规定来管理她们,任何人违犯了军令都该接受处分。最后,孙武还是把那个队长斩首。宫女们见孙武说到做到,没有半点含糊,一个个都吓得脸色发白,双腿颤抖。孙武对着宫女们说,如果还有人不

按照口令操作，下场就像刚刚的队长一样。听过这话，宫女们收敛了很多，都安静地站在了各自的位置，没有一个人敢再开玩笑了。

在军队中，军人以服从命令为天职。所谓军令如山，就要像孙武这样，言出必行，丝毫不肯马虎，即使君王向他求情也不能更改军令。在军队中，只要这样严格的纪律才能训练出精良的部队。而在企业中一样要训练出一只高度遵守纪律，执行命令最坚决的工作团队，才能让企业保持最高的战斗力和竞争力，才能在弱肉强食的残酷竞争中立于不败之地。

纪律是一个团队得以正常运行的前提，是完成工作任务的重要保障，任何一个行动力差，效率低下的员工都会拖集体的后腿。守纪律表现在日常生活中的各个方面，包括上班不迟到早退，按照工作标准要求完成任务，不弄虚作假、以权谋私，时刻保持积极的工作态度以及时刻保持紧迫感和危机感等等方面。企业需要守纪律，顾大局的员工共同建造一个良好的企业氛围，员工个人也需要通过严格的纪律要求自己，从而伴随着企业发展的脚步发展自身的能力。

作为企业里的优秀员工，更要做一个守纪律的表率，只有你深刻意识到守纪律的重要性，并在实际工作中加以实践，你才能发现，纪律对于一个人的工作和生活有多么重要的影响。如果你能按照纪律将每日的安排合理规划，你就会发现，你的生活效率和工作效率会因此而改善很多。无论做什么事，都会有条不紊，稳重考虑，不留后患。同时，在老板和同事的眼中，你也会成为一个值得信赖的员工，老板会更放心地把重要的工作交给你做，你的能力在更多的工作机会中得到了锻炼和提高，从而为你赢得升职加薪的机会，你的人生也会慢慢出现更多的光明。而这一切的一切，都来自你严格要求自己，表现出的高效执行力。

6 执行一定不能忽视细节

尽善尽美地完成工作任务对于每个员工来说都应该是义不容辞的责任。可是,想要把工作做到完美,仅仅靠认真负责的工作态度和高度热情的工作情绪是不够的,工作中的细节往往是决定成败的关键。抓住工作的细节就要求员工从工作中的每一个小事着手认真执行,正是无数个做到完美的小事才能组成惊天动地的大事件。俗话说,工作中无小事。能够把小事也认真对待,体现的是一个人对工作的态度。一个人如果连小事都做不好,整天粗枝大叶,又怎么会得到做大事的机会呢?

身边有太多这样的人,觉得“我辈岂是蓬蒿人”,觉得满身的才华不能浪费在琐碎的工作细节中,于是对工作中的细节问题就总是不屑一顾,对自己也过于自信,常常眼高手低,觉得做事情只要把握一个整体,一个大概脉络就足够了,其他方面没有必要花费过多的精力。殊不知,一室不扫何以扫天下,很多惨痛的教训就是来自工作人员对于细节的忽略,以至于留下了永远的遗憾。

在莎翁的名剧《理查三世》中就讲述了一个因为忽略细节,最后收获惨痛教训的国王的故事。当年,理查三世和里士满伯爵为了争夺王位,持续多年都在征战,在决定生死的最后一战中,就是因为“一个马掌钉”的细节错误,最后使得理查三世不仅失掉了战争的胜利,而且痛失国王的宝座,沦为悲惨的阶下囚。

话说战斗进行的当天早上,理查三世派了一个马夫备好自己最喜欢的战马。马夫应声出去,就来到了铁匠身边。马夫对铁匠说,“快点给国王的战马订好马掌,国王打算骑着它去打仗。”

铁匠一脸愁容地答道,“前几天我给所有的马都钉过马掌

了，现在铁片紧缺，等我出去找点铁片回来。”

马夫恼怒道，“敌人正在前方虎视眈眈，国王必须马上带领士兵到战场上杀敌，怎么可能所有将士等你一个人！”

听马夫这样一说，铁匠只好马上就想办法，将国王的马钉上马掌。后来铁匠从一根铁条上弄下来四个浑身锈迹，已经严重变形的马掌，铁匠一点点将变形的部位砸平整形，继而固定在马蹄上，然后开始钉钉子。可是，刚刚钉完三个马掌，铁匠发现没有钉子来订第四个掌了。

铁匠对马夫说，“还有一个马掌没钉，可是没有钉子了，我需要去找两个钉子。”

马夫本来已经等不及了，一听铁匠的话心里更是着急，“都什么时候了，哪有什么时间去找钉子啊！——我看这样订三个也掉不了，就这样吧，你快点收拾，我要把马给国王牵去呢。”

就这样，理查三世骑着一匹只钉了三个马掌的战马上了战场。两军交上了锋后，理查三世身先士卒，领着他的部队冲锋陷阵，鞭策士兵迎战敌人。就在国王奋勇杀敌的时候，他看见身边的士兵被打下了阵来，原定的阵营被打出来一个豁口，如果没有人在第一时间处豁口处补充兵力的话，他们部署周全的战术就会被敌人全部打乱。所以理查三世策马扬鞭向着那个豁口奔去，想要趁敌人还没有发觉的时候将豁口补上。谁知战马刚刚走了两步，那最后一个钉上去的马掌就掉了下来，马的脚掌忍受不了荆棘满地的地面，痛苦地嘶叫着，惊恐地跳起来将国王摔在了地上，径自逃走了。

国王在混乱中挣扎起来，环顾了四周，到处都是呼喊着逃命的士兵，前面是气势昂扬地包围过来的敌人的军队。

理查三世挥着宝剑，仰天长啸，“难道因为这匹马，我就要失去一个国家吗？”

后来英国流行了一个民谣，叫做“少了一个铁钉，丢了一个马掌，少了一个马掌，丢了一匹战马，丢了一匹战马，败了一场战役，败了一场战役，失了一个国家”，说的就是理查三世的故事。工作和打仗是一个道理的，如果员工不能保持高度注意力和责任心，始终保持精益求精的态度，做好工作中的每一个细小的事情，即使再有能力的人，最后终究是难成大事。对于员工个人来说，成功总是需要一个过程的，一个人只有经历了"做细节"到"做好细节"的磨练之后，才能在更高的层次上"成大器"。

老子曾经说过：天下难事，必做于易，天下大事，必做于细。他精辟地指出了，想要成就一番事业，必须先从眼前的细节之处做起，必从事情的细微之处入手。把每一件简单的事做好就是不简单，把每一件平凡的事做好就是不平凡。如今的社会分工越来越精细，每个工作项目的运作都是由无数微小的细节相互关联而成的，细节既可以成为你的闪光点，也可以成为漠不关心的失误点，做一个称职的员工，就要从细节中的一点一滴做起。

第十三章

工作强在沟通力：卓越的沟通能力让你每天都做到最好

随着经济的快速发展，企业逐渐向集团化、规模化发展，企业中的每一个工作项目都不可能依靠一名员工来独立完成，必须依靠员工们团结协作，通过集体的力量才能顺利达成工作目标。在这个过程中，卓越的沟通能力成了员工必不可少的一项技能。因此，现阶段的员工，只有通过努力不断提升自己的沟通能力，才能做出高效、精良的工作成果。

1

沟通能够减少工作中的矛盾

在工作的过程中,我们需要与不同的人们打交道:同事、上司或者客户。当我们与同事或者是客户之间发生矛盾,就要学会如何化解这些矛盾。我们都知道,祸从口出,所以我们应该在工作中尽量注意自己的言行,在矛盾发生后,也应该积极沟通,化解矛盾。语言沟通是化解矛盾的最简单方法,它可以让我们与对方进行面对面的直接交流,达到化解矛盾的目的。所以我们要加强自己与人沟通和交流的能力,帮助自己在工作中减少矛盾,提高效率。

沟通并不是简单的人与人言语交流,它更是解决问题的巧妙方式。掌握了沟通的方法,我们也就学会了在工作中化解危机的好方法。

肖长海和李清是在同一个车间班组上班的同事。肖长海为人直率,脾气急躁,是个一点就着的北方汉子。而李清正好相反,虽然也是北方人,但是李清待人和气、热情,和别人说话的时候总是不愠不火的。

要说他俩人进厂时间都差不多,技术水平和工作能力也相差无几,但就是因为两人的性格差异,李清很快就升任班组长,而被同事们戏称为“刺头”的肖长海却一直没被提拔。对这个问题,直率的肖长海倒也没有什么意见,他知道自己脾气不好,不得人心,所以不升职对他来讲不是心病。真正的问题是目前车间有一次大的人事变动,班组员工要重新组合。车间的几个班组长都不愿意让肖长海到自己的班组来上班,如果肖长海最终

没有班组肯接纳他，那他就面临着失业的危险。

就在此时，李清向车间领导提出愿意接收肖长海。与李清关系不错的同事都劝他：肖长海的脾气怪，说话也不太注意。这样的人留在组里就是个祸害，收下他就等于给自己找麻烦。

同事们的话果然应验了，肖长海到李清的班组没两天就又发脾气了，这次他发脾气的对象不是别人，正是李清。原来李清在上班的时候顺手用了肖长海的工具，用完以后也没有及时放回原地，这让急脾气的肖长海顿时怒火中烧，张口就骂人。

李清看到肖长海发火了，先是一愣，随即上前和他说："肖师傅，你的工具是我用的，你先等等，我马上给你拿去。"说完不等肖长海有所反应，就跑了出去。李清这一走就是半个小时，他先去车间主任办公室送了报表，然后又去库房领了些生产材料，估摸着肖长海的火气也消了，他才回到车间。

不出所料，当他回到车间的时候，肖长海的情绪早就稳定下来了。李清看着火气来得快去得更快的肖长海笑着说："肖师傅，你的工具少了个螺丝，不好用了，我用完以后又给你拾掇了一下，你看看现在好用了吧？"此刻的肖长海早已安静下来了，笑着接过工具，嘴里连忙说"对不起，小李，谢谢你，小李"。

这件事情在车间传开以后，同事们都说：他俩这是一物降一物，脾气急的肖长海就只有软性子的李清能制服得了。

上面案例所反映的现象，在我们工作中是很常见的。当我们与同事之间发生矛盾，甚至有时情势一触即发就要发展成更大的冲突时，巧妙地化解和有效地沟通显得非常重要，有效地沟通可以改变一个人不正确的想法和矛盾。李清正是先巧妙地避开火气正劲的肖长海，令其冷静下来，当气氛缓和后再和肖长海进行解释和沟通，顺利达到了化解矛盾的目的。

我们沟通的时候要善于表达自己的想法。我们表达出来的想法要清晰，目的明了，要知道自己想要说什么，想要询问什么，希望达到一个什么样的效果，最终与对方达成共识，让对方了解你的想法。

具体在工作中，员工之间出现了矛盾要怎样解决呢？

(1)明确职责，堵住引发矛盾的源头。

职场中，矛盾的产生一定和工作有关。员工们要恰当地处理好自己与他人的矛盾。不管是领导和还是普通员工,都要尽量避免产生矛盾。特别是领导布置任务的时候,要公开、明确地向员工说明。告诉员工哪些可以做,哪些不可以做。对工作的描述一定要清晰,要让员工清楚地知道领导对自己的期望。此外,领导还要恰当地鼓励员工。员工与同事之间工作时,一定要安分守己做好自己本职的工作,不要逾越雷池。

(2)化解矛盾,回避冲突。

不管矛盾是大是小,一旦矛盾出现,最好的解决方法就是敢于面对矛盾。直面矛盾也许不能够阻止矛盾的激化,但是对矛盾进行冷静处理还是能够缓和矛盾的。员工想要阻止矛盾的恶化,首先就要找出可能产生矛盾的方面,当机立断地敢于阻止,这样就有可能把矛盾扼杀在摇篮里。如果矛盾已经激发,那就要勇敢地解决矛盾,尽最大努力降低矛盾的危害。

(3)懂得换位思考。

员工解决矛盾的关键,就是不要升级矛盾,要设身处地地为别人着想,换个角度看待矛盾,或者说从对方的立场上考虑问题。如果你能够尽最大的努力,从对方的角度看问题,你会发现问题并没有你想象中那么严重,而矛盾也能够很好的解决。这个时候,你不仅帮助了自己,也帮助了别人。

(4)将矛盾视为机遇。

因工作而产生的矛盾通常不牵扯太多个人利益,所以为了工作而产生的矛盾很好化解。员工应该利用化解矛盾的机会,充分向对方阐明自己的立场,同时也充分了解了对方的观点,所以矛盾有时候也是互相增进了解的好机会。常言说:有话直说胜过背后使绊儿,就是这个道理。与同事坦诚相待的前提就是能与对方进行真诚的交流和沟通,而矛盾的产生恰好提示我们在哪个方面与同事沟通得还不到位,把矛盾当成与同事理顺沟通渠道的机会,那么矛盾也可以是一个好的机遇。

(5)看清矛盾。

矛盾的产生并非是必然的,不管矛盾在什么情况下出现,都要尽量平静下来分析矛盾,找出矛盾产生的原因,分清矛盾的轻重缓急,尽量先解决比较重要问题。看清矛盾、分析矛盾,需要员工在任何情况下都能够与矛盾的另一方坦诚的沟通,尽量平和地消除分歧。

企业里面,优秀的员工是懂得如何处理矛盾,懂得“精诚所至,金石为开。”他们拥有的宽容、隐忍、坚定的职业修养,他们会在面临矛盾的时候,积极地寻找化解方法,必要的时候当一名积极的聆听者。其实,只要意志足够坚定,就能够很好地处理矛盾。

有一点需要注意的是,我们在与别人沟通时不应该有抱怨的态度,抱怨是没有任何意义的,它无法解决问题,反而会使问题更加严重。更不要直接批评别人,要寻找解决问题的办法才是最终的目的,所以我们在沟通时一定要讲求语言艺术,并不是只要沟通就可以解决矛盾的,只有正确的沟通才能让你在工作上减少矛盾。

2 怎么说别人才会接受

在职场中,我们说话的方式很重要,虽然只是简单的说话,但是话说得是否恰当,直接反映你个人的素质,如果总是说不该说的话,很有可能会因为说错话而影响自己的前程和命运。每个人心中都有一块隐私区域,都不希望有人走进那里看见他心中的秘密。同样的道理,在与别人相处,进行沟通的过程中,也一定要注意别人心中的“隐私区域”,以免犯了别人的忌讳,令自己说出来的话难以得到别人的认同,使自己与别人的沟通变成无效的无用功。

在与别人沟通时,我们所持的态度和使用的语言,甚至沟通时的环境都会影响沟通的效果。比如,当我们所持的意见很正确,但我们向对方表达意见的时候却用了不屑或者轻视的态度,或者用了很激烈的语言,就会引起别人的反感,此时我们说的话即使再有道理也很难让对方照单全收。再比如,有些话放下私下说,对方会比较容易接受,但是同样的话放在公众场合,对方就会因为维护自尊心而产生排斥的情绪。

由此可见,让别人认同自己的意见,是件不简单的事情,那么,自己的意见要如何说才能让别人接受呢?

(1)做个有主见的发言者。

老板赏识那些有头脑和主见的职员,如果你经常只是别人说什么你也说什么的“顺杆爬”,那么你在办公室里就成了“没有他别人也这么过”的可有可无式人物。用自己的头脑,发出自己的声音,道出自己的真实想法。

(2)切忌唇枪舌剑。

在办公室里与人相处要友善,首先说话态度要和气,要让人觉得有亲切感,即使是有了一定的级别,也不能用命令的口吻与别人说话,没有人愿意在别人的命令下工作。说话时更不能用手指着对方,这样会让人觉得没有礼貌,让人有受侮辱的感觉,对不同的意见,可以适当地探讨一下,实在统一不了,可以保留,决不可争得面红耳赤。作为白领一族,对什么事都唇枪舌剑,是最大的忌讳,更不要咄咄逼人的得理不饶人。

(3)炫耀自己是浅薄。

如果你的特点很出众,如果你是办公室红人,如果老板非常赏识你,这些就能成为你炫耀的资本了吗?骄傲使人落后,谦虚使人进步。当众炫耀自己的人,常被人当成是浅薄的人,倘若那天老板额外给了你一笔奖金,你就更不能在办公室里炫耀了,别人在一边恭喜你的同时,一边也在妒忌你呢!

(4)吐露心事要分地点。

身边总有这样一些人,他们特别爱侃,性子又特别直,喜欢向别人倒苦水,什么对老板的不满,对同事的抱怨,统统连锅端。虽然这样的交谈能够很快拉近人与人之间的距离,使你们之间很快变得友善,亲切起来,但心理学家调查研究后发现,只有1%的人能够严守秘密,所以,真正成熟的白领,绝不会不分地点,不分场合地唠叨。

3

坦诚随和是沟通的法宝

在这个多元文化的社会下,沟通起到了十分重要的作用,沟通可以帮助我们解决矛盾,消除误解,实现共同发展的目的。而好的沟通,是建立在相互信任的前提下,坦诚随和是最重要的基础。坦诚随和地与别人进行沟通,坦诚做自己,这在工作和学习中都是极其重要的。因为它决定你是否能在人群中建立良好的人际关系,和相互信赖的依据,因此也就决定了你能否在事业上取得成功。

其实,做到坦诚随和地沟通并不容易,坦诚随和的沟通并不是一个口号,它要求我们在待人接物时要做到心底无私,毫无保留,同时还要注意分寸和技巧。如果你指出了同事在工作上的不足,他是不是会大怒,是不是会觉得你没有给他留面子?其他人是不是也会认为你不会说话,太直接了?所以我们要做到坦诚随和的沟通是需要掌握一些技巧的。尤其是在企业里,与人坦诚沟通更是一门学问。

不管是私下还是在公众场合,沟通所用的语言本身就是一种信息载体,沟通的目的也是为了把信息传递给别人。恰当的语言沟通,能够让交流者之间,互相谅解,形成合力。因此沟通时所使用的语言,一定有文明有礼,恰到好处。每个企业,在发展壮大中,随着企业规模的扩大,所涉及的事物也会增多,企业里的员工也会随之增多,企业想要和谐向前发展,就需要加强企业与员工之间的沟通,更要做好员工与员工之间的沟通协调。

有效的沟通,一般都是简短的,用最短的时间、最少的语言,传达出最真实、最准确的信息。恰当的沟通方式和技巧是非常有必要的,企业领导者一定要在员工之间加强沟通方式,否则就会让企业在沟通环节上付出大量的成本,直至形成缺乏坦诚的氛围。

任何沟通都需要彼此真诚的对话，相信你不会跟一个虚假做作的人沟通。在职场中也是如此，企业需要的也是坦诚沟通。在各种会议上，领导都会要求员工要坦诚，有什么意见和建议都要坦率的表达出来。只有大家敞开心扉地为企业献计献策，企业才能够进步。但是如果员工并不坦诚，总是在揣摩老板的心思，不厌其烦地奉承老板，或者总是说一些老板的好话，而对公司的发展，公司存在的问题，只是蜻蜓点水般一掠而过甚至是尽量避免这个话题。这样的员工，聪明的老板不仅会认为你不够坦诚，过于圆滑，而且并不会信任你，交付你比较重要的工作。

我们说职场中有很多员工都不够坦诚，并不是说他有恶意的欺瞒、欺骗的坏品行，而是指在工作中，他们因为顾及到自己的利益，不愿意真诚地表达自己的想法，也不愿和同事领导之间进行直接的交流，更不会在公司会议或小组会议上真诚地表达出自己的想法、立场和观点。这些可能与员工个人的性格习惯有关，但是企业里员工总是这样做，这和企业的管理还是有一些关系的。要知道，员工不够坦诚，会导致企业里员工与员工之间不能够很好的沟通，这样就会给企业营造了一个不健康的工作氛围。只有企业里，所有的人在沟通的时候，当一方真实地表达出自己的想法时，另一方给予积极的态度，并认真地思考对方为什么会这样想，而不是一味地轻视、嘲笑。

不是说沉默是金吗？当企业遇到问题，或者说员工发现企业出现了问题，很多员工都避而不谈，他们就是害怕自己的语言会惹领导或其他同事的不满甚至反感。很多时候，员工们都会选择尽力维护自己，或者自己所在的小团体的利益。因为沉默，每个人都可以自保，也不会因此和同事引起矛盾、引发利益争执。大家依旧可以秉承着“你走你的阳关道，我过我的独木桥”这样井水不犯河水的状态继续相处，因此，很多人在企业里都渐渐地失去了坦诚的沟通。

我们要接受人与人之间不同的差异和不同的思考方式，对事物认识的差异，这种现象是十分正常的。不要把自己的观念强加给别人，让别人去接受你的想法，与其争执下去，还不如接受不同的差异求同存异。

员工们在讨论中，要对事不对人，不能假公济私。沟通过程中，要对客观事实进行强调，不要把客观问题带到人品问题上来说事，这样很容易发生矛盾。在坦诚随和的沟通中，首先我们要站在别人的立场上想问题，

学会换位思考感受对方的问题,做到“己所不欲,勿施于人”。如果自己都不能接受的观点或者是不喜欢的事情,怎么可以强加给别人呢。所以我们要考虑到对方的感受,站在对方的立场上想问题也许你就会有不同的想法。

坦诚随和的沟通需要我们坚持下去,信誉是需要长时间积累和培养。可能由于不经意的一次不坦诚相待,就会毁掉常年积累下来的好口碑。

当下复杂的社会,复杂的人际关系,确实很复杂。人和人的交往中坦诚相待的越来越少。表面的恭维,实际上是没有任何意义的,这样会降低沟通的实用性。所以大家都在客套中生活,相互的吹嘘是没有任何意义的。

我们在与别人沟通的时候要做到坦诚随和,首先不要刻意地掩饰自己,把自己的个性从侧面展现给对方,但是不能让对方对你了如指掌,不能让对方把你看透,如果把自己的弱点透漏给对方可能会对你以后的工作带来麻烦。坦诚随和的沟通不代表可以畅所欲言、随意的展现自己,事情多有个度,只有你把应该有的坦诚和随和表现出来即可。

同事之间每天都在一起工作,难免会有矛盾和摩擦,我们可以有风度一些,可以找个机会与同事见面时,坦诚地跟同事聊聊天,这样即使有矛盾也会有所改善。不能保证对方百分之百的接受,但是作为你自己要把自己真诚的那份心意让他体会到。这在与客户之间的沟通也是同样有用的,只有坦诚随和的沟通才能取得好的成效。

在当下复杂的社会,复杂的人际关系,复杂的职场环境,我们每个人都戴着面具来生活,每个人都活得很累,所以在今天,坦诚随和是非常珍贵的,当你坦诚随和的与别人沟通时,你也同样受到对方对你的坦诚。只有坦诚相待才能建立起你长久的人脉关系,提高你的信誉,你脚下的路也就会越来越平坦。

4

微笑让你获得更多的帮助

微笑能让人产生愉快心情，它在人与人的交往中起到很大的作用。微笑能在瞬间缩短人与人之间的距离，所以说，保持微笑不但能让自己感到开心，同时也能感染别人，更能因为自己的微笑而获得更多的帮助。在生活中，没有什么东西能像微笑一样，可以给自己的魅力加分，没有什么东西更能比微笑打动人心。而我们在职场中，"微笑"也是我们最有力的武器，是让我们获得更多帮助的无价之宝。

微笑是老天赐给我们的专利，微笑可以让人产生愉快的心情。当你面对一个微笑的人，你会感觉到他的友好和自信，同时他身上的这份自信也会感染到你，使你不知不觉的融入进来。微笑是一种肢体语言，是一种有着深层含义的肢体语言，微笑可以鼓舞对方的自信心，微笑更可以拉近人与人之间的距离，甚至是你与其他人曾经发生矛盾，一个微笑可能解开了你们之间的那个心结。但是，我们的微笑一定要是真诚的，发自内心的微笑。好的外部形态就是一封介绍信，微笑能让你获得更多的友谊，更多的帮助，想要建立起良好的人际关系，就一定要有积极的心态，所以，为了我们能获得更多的友谊、获得更多的帮助、获得更大的成功，请在你的世界里保持着微笑。

罗伯斯身负家族众望，因为他需要继承庞大的家族产业，他的父亲为了锻炼他的能力，以便日后把企业交给他接管。便把罗伯斯安排在自己的公司里做市场部的经理，并且并未在公司里公开他的身份。

尽管罗伯斯是名牌大学毕业，才华横溢，但是行事并不低调，这可能是很多富家子弟都有的特性吧。罗伯斯在公司里，总是一身名牌打扮，而且手腕上戴着非常昂贵的金表，这一切都显

得他与他的职位格格不入。而且他对待同事也总是傲慢无礼，总是一副不可一世的样子，这样的行为处事，使很多同事都喜欢他，甚至有人会在背地里说他坏话。

可是近来发生了一件事，让罗伯斯彻底地改变了自己的言行方式。原来，一周以前，他在一个百货公司里闲逛，打算给快要过生日的母亲买个好礼物。当他把车停好，从他的高级跑车里走出来的时候，被一个身材矮小粗壮的男子迎面撞了一下。而那名男子不仅不道歉，还非常凶狠地瞪着他。

如果是在往日，罗伯斯肯定趾高气扬地大骂说："你撞脏我的名牌西装了！"但是那天他的心情很好，而且是来给自己的妈妈买生日礼物，所以他并没有发火，而且反常态的罗伯斯还像是遇到好朋友那样，向那名男子点头微笑，并说了句"对不起。"男子看到罗伯斯的反应，听到罗伯斯的话，似乎非常地吃惊，不可思议地看着他，那一瞬间原本凶狠的眼神也不见了。男子突然转身，迅速地往出口跑去。

罗伯斯还很纳闷，难道是自己的道歉吓到他了。当罗伯斯买完礼物，晚上回家看电视的时候，新闻报道了当天下午在百货公司地下停车场里，发生的一起抢劫案，劫匪砍伤了一名开着豪华跑车的老板，并抢走了他身上所有的贵重物品。

当电视画面切到劫匪的通缉令时，罗伯斯呆住了，因为那个劫匪正是下午在停车场里撞到自己的那名男子。看着电视里案发现场的画面，罗伯斯不禁后怕，如果当时他像平日里那样，冲那名男子发威，自己是不是也会被砍伤或者谋杀。

这就是微笑的作用吧，不是说抬手不打笑脸人吗？如果罗伯斯当时没有微笑，他百分之九十的可能会被那名劫匪砍伤。所以，不管是谁，在以后的生活和工作中，都不要吝啬自己的微笑。

其实，人的洞察力是非常强非常敏感的，你的一个笑容所代表的含义，或者你的笑容是否真诚，对方都能很敏锐地察觉到，判断出来。所以，当我们在给对方微笑时，一定要真诚地、由心而发的。一个真诚的微笑让对方感到温暖、舒适，引起共鸣，让双方都在欢乐中沟通，也能加深你们之间的友情。

微笑是表示对对方的尊重，是一种礼节，所以我们提倡微笑对人。但微笑要得当。当对方看着你的时候，你可以自然直视对方的眼睛并且点头微笑，这是一种礼貌、礼节和尊重。当对方在发表意见的时候，你应该不时的露出微笑。如果当你不注意微笑的方式和场合，这样可能就会有失身份，而且很容易让对方感到反感。

微笑会让对方觉得自己是受欢迎的人，也会感到很开心，带给对方舒畅的心情。但是我们的微笑也是要分场合的，否则就会起到反作用。当我们出席一个比较严肃的大会、追悼会或者是严肃的讨论会，这种场合我们不宜微笑，所以恰当的微笑才能让你获得更多的收获。

可能有很多人并不善于微笑，但是我们也要尽量让自己微笑。著名的美国推销员富兰克林·贝特格就很善于运用微笑，他认为保持对别人的微笑，这样的人是永远都受欢迎的。所以，我们应该有一颗真诚待人的心，微笑地对待每个人，微笑表达你对对方的信任和友善，同时也说明对方是值得让你微笑的人。

我们在与人的交往过程中，要时刻保持微笑，微笑能给对方留下难忘的印象，而且也能让自己的生活中得到更多的收获，一个微笑一个人脉，这样你的未来将是一片光明。生活中我们会遇到很多人，上班的同事，公司门口的门卫、早上勤劳的环卫工人、甚至是陌生人，我们都应该给对方一个真诚的微笑，当你做到的时候，那便是你人格的升华，你将会获得更多帮助，你自己也会觉得这个世界是如此的美丽。

5

幽默的语言让你成为一个沟通高手

幽默的语言是指人们在说话的时候，出人意料的、而表现方式上又是

含蓄或令人回味深长的话。这样的语言会逗笑听众，缓和气氛或改变尴尬局面的状态。在职场中，幽默的语言会拉近与同事之间的距离，让你有个很好的人际交往，这样的员工会工作会非常的顺手，同事他的幽默也会给同事带来欢乐。

其实，幽默一词最早出现在中国是在 1924 年 5 月，大师林语堂从英文“humour”一字音译而来的。幽默在人际交往中，有着举足轻重的作用，只是很多不够幽默的人都想知道到底幽默会有什么样的力量？在职场中幽默的语言又会给员工带来哪些好处呢？不妨来看一个小故事。

某公司新招了一名前台，名叫朱莉，一个典型的南方女子。朱莉的长相并不突出，但是说话却很利落，嘴儿也甜。见人就开口笑，公司里的很多同事都很喜欢她。更重要的事，不管处理什么事情，她都能够给你来点小幽默。

前不久，经理的一个朋友怒气冲冲地闯进公司，朱莉一看是她见过几次的经理好友，又看他表情，就觉得硬拦住他肯定会更加地惹怒他。于是，她快步跟在那人后面，大声说：“大哥，大哥，我是活的！”这突然冒出的话让那位先生很好奇，便停下脚步转身看过来，朱莉见状，快速上前抓住他手臂，气喘吁吁地说：“先生，您这样不是砸我饭碗吗？谁要是惹您了，您告诉我，我立马把他叫出来，任你处置。可您直接把我删掉走进来，赶明儿您再来的时候，可能我就不在这儿了，您这不是砸我饭碗吗？现在找工作多难啊！”

先生听了，忽然笑起来，说：“好吧，我不是来给你找麻烦的，我也不会砸你的饭碗，可是你得帮我，去把你们经理叫出来。”朱莉听完先生的话，马上致谢，请他先去接待室等着，边走边说：“看来是我们经理惹到您了，不过也难怪，他最近可忙了。整天加班，心情烦躁着呢，我看他每天都喝一大杯浓咖啡。要是你们有什么矛盾，千万别在这里化解，记得换个地方，不然我们经理会把公司天花板掀了的。”先生听了朱莉的话，大笑起来，说：“小姑娘，听你的，等下我就把他拉车里海扁一顿。”

只是简单的几句话，就舒缓了经理朋友愤怒的情绪。可见，在职场上，幽默有化解尴尬、处理麻烦的作用。恰当的幽默，也

可以融化人与人之间的坚冰。

的确,企业里员工幽默的语言能够使工作气氛变得轻松、融洽,而且有利于同事之间的交流。美国一位心理学家也说过:“幽默是一种最有趣、最有感染力、最具有普遍意义的语言艺术。”相信职场的工作者常有这样的体会,疲劳的工作中,同事一句幽默话,一个风趣的故事都能让周围的人笑逐颜开,也能增添工作的乐趣。

在企业里,管理者们可以运用幽默更好地与员工进行沟通,而且幽默的管理会增加公司的亲和力,也会让管理者轻松地取得好成绩。美国曾经对1160名管理者进行的调查,结果显示:77%的人在员工会议上以讲笑话来打破僵局;52%的人认为幽默有助于其开展业务;50%的人认为企业应该考虑聘请一名“幽默顾问”来帮助员工放松;39%的人提倡在员工中“开怀大笑”。事实上,现在有很多公司,从总裁到部门经理,他们都开始使用幽默的方式来管理员工,并把幽默作为一种培训手段。职场中,用幽默的语言,不仅能够让你成为一个沟通高手,还能融洽员工之间的人际关系,化解工作中的内部矛盾。

人们都喜欢与幽默的人在一起,很多人寻找另一半的时候,也会要求对方有幽默感。在西方,一个没有幽默感的男子,就是没有魅力、愚蠢的代名词。在企业里,一个幽默的主管一定会比古板又严肃的主管,更容易与下属打成一片。不管是主管还是员工,你都可以利用你的幽默语言、幽默行为更好地为工作服务。要知道工作的进步,是需要每个人齐心协力一起完成的。

那么,在工作中,我们要怎样提升自己的幽默感呢?

(1)扩大知识面。

员工们在日常工作之余,要懂得提升自己,也许博览群书并不是每个人都做得到的。但是只要你坚持阅读,就能够提升自己的知识面,一旦知识累积多了,就能够在各种场合从容自如的将所学知识转化成幽默段子。

(2)善于培养情绪。

一个思想消极、情绪低沉的人是不会有幽默感的,他也不可能说出幽默的语言来。想要提升幽默感的员工,一定培养高尚的情绪和乐趣,要心胸开阔,对生活充满热情。

(3)提高观察力和想象力。

幽默的人并不一定是智商高的人，但是幽默的人一定有着丰富的想象力和较细的观察力。只有这样，他们才能够灵活地运用身边的事物组织幽默的联想和比喻。

(4)交际提高幽默感。

员工想要掌握较高的幽默感，一定不要拘泥于自己的小圈子。要多参加社会交往，多和周围的人接触，增强社交能力，提升自己的幽默感，丰富自己的幽默语言。

幽默是一种创造性的本领，幽默的语言是良好沟通的催化剂。在职场中，员工不仅要提高自己的工作能力，还要保持良好的人际关系。所以一定要懂得随机应变，根据环境、对象以及所处的氛围下，适当地表现出自己的幽默。

6

高效沟通建立在平等的基础上

我们身在职场中，常常要和很多人交往，与人交际的好坏就要看一个人的社交能力了。有很多人在交际的时候，都没有遵守交际的原则，那就是在交际要建立在平等的基础上。但是很多人在进行人际交往的时候，都没有遵守一个平等的原则。很多人觉得自己比其他人优秀，所以在与别人沟通的时候抱着居高临下，傲慢的态度，其实，这样的做法是错误的。

人与人之间应该是平等的，我们需要别人的帮助，同时别人也需要我们的帮助，我们与别人的交往应该是建立在平等互利的基础上的，只有这样，我们的交际活动才会有坚实的基础。在交往和沟通中，平等主要体现在我们的平等相待。

平等相待是说我们在与人的交往沟通中，平等地对待对方、尊重对方，不能摆出居高临下或盛气凌人的架势，也不能故意迎合、巴结对方。更不能用命令口吻来使唤对方，把对方当做是自己的工具，需要对方帮助时，才去关注人家，用甜言蜜语哄骗对方帮助自己；用不到对方时，把对方抛在脑后，犹如陌生人，这就破坏了我们与人交往和沟通的平等。以自己的地位、金钱、权势为标准的人，或者是那些看不起别人和阿谀奉承的交往方式，都是不能长久的，而且也会受到人们鄙视和唾弃。

现在有很多刚刚参加工作的朋友，在人际交往和沟通时，彼此之间应该平等相待、相处。不要因为家庭背景以及个人经历，而对别人“另眼相看”；更不能因为对方在工作成果、能力以及表现等方面而对对方有不同的看法。不能因为别人的外表、相貌等外在形象的差异而看不起对方。不要因为自己的工作成绩突出，受到上司领导的青睐而摆出一副盛气凌人的样子。一定要树立起平等待人的观念，只有我们尊敬别人，别人才能尊敬我们，我们平等对待别人，别人也会平等地对待我们。一名员工无论是到任何一家企业和单位，都应该平等地对待别人，平等地与其他人沟通，才能广结天下好友，才能让以后的事业发展更加成功。

我们在与别人平等沟通的基础上，还要做到互利、互助。人们在来往中，总是希望能在朋友和对方身上得到帮助和鼓励，得到安慰和支持，如果这些不能满足，长时间的沟通交流上也就会失去持久性和吸引性。

所以，刚刚参加工作的朋友们应该多多注意，在人际交往和沟通中要平等地对待他人，也要乐于帮助他人，帮助别人解决烦恼，给别人勇气和信心；不能自私，只想到在和别人交往沟通时，在对方身上获得好处和收获。当他们遇到麻烦的时候我们也要帮助对方解决问题，帮助对方分析原因并且帮他度过难关。当工作上遇到困难时，应该帮助他克服困难，帮助他尽快地适应这份工作；当对方在经济上或者家庭上出现困难的时候，我们都应当尽自己的能力为对方分忧。要记住的是，我们在给予别人帮助的同时一定要注意不能把自己想成是被帮助者的恩人，更不要奢求对方报答自己。而当我们受到别人的帮助的时候，不管有大小都应该向帮助我们的人表示感谢。古语说：“滴水之恩当涌泉相报”，不要忘记自己在困难的时候是谁曾经帮我们渡过了难关。所以人和人之间的交往是我们生活的必需品，交往就需要沟通。只有平等的沟通，才能让人们之间达成互助互利的友好关系。

第十四章

工作赢在学习力:超强的学习力让你登上更闪耀的舞台

在一个学习型的企业,员工们重视学习,并在工作中不断地学习、思考总结。这不仅能够提升员工个人的工作能力和素质,还可以提高员工自我的积极性、创造性和企业归属感。这就为企业的发展培养了后备力量,这样的企业一定是成功的。

1

每天都向比自己优秀的人学习

现在的社会在不断地快速发展中,职场也处于风雨变幻的状态,员工想要在职场中生存,一定要跟得上节奏,要以最快速度适应变化才行。这就要求员工在工作过程中善于学习。一个善于学习的员工,才有能力在企业中生存和发展,才能够为企业创造更多的价值。

知识是一个人生存的资本,在企业里有知识的员工,才有能力承担企业发展的责任。知识是不断更新的,人想要进步就要跟上知识发展的步伐,不断地学习才行。而学习就要从身边做起,从小事做起,所谓"三人行必有我师",在企业里,每个人身上都有别人没有的优点,所以想要进步,每天都有必要向比自己优秀的人学习。

企业与人才双赢,就要严格的遵循"奥格威法则"。所谓"奥格威法则"就是每个企业都雇用比自己更强的人,就能成为巨人公司,如果你所用的人都比你差,那么他们就只能做出比你更差的事情。这个法则是美国奥格尔维·马瑟公司总裁奥格尔维提出的,"奥格威法则"的来源是非常有趣的。

故事发生在美国奥格尔维·马瑟公司的一次董事会上,会议开始的时候,总裁奥格尔维在每个参加会议的董事面前摆了一个相同的玩具娃娃。董事们见状,都不知何故,奥格尔维便说:"大家打开看看吧,那就是你们自己。"董事们听了面面相觑,有点尴尬的把娃娃打开来看,原来是大娃娃里有个中娃娃,中娃娃里有个小娃娃。他们好奇地继续打开,里面的娃娃一个比一

个小，最后当他们打开到最里面的玩具娃娃时，看到了一个纸条。

纸条是奥格尔维写的，上面的内容是："如果你经常雇用比你弱小的人，将来我们就会变成矮人国，变成一家侏儒公司。相反，如果你每次都雇用比你高大的人，日后我们必定成为一家巨人公司。"这个时候，董事们明白了奥格尔维所说的两句话是什么意思。这件事，这些娃娃给董事们留下深刻的印象，在以后的工作里，他们都尽力地聘用那些比较专长的人才。

这个故事告诉企业的领导者，企业想要发展就要雇佣优秀的人才。同样的道理，一个人想要进步，就一定要想比自己优秀的人才学习。一个好的公司只有好的硬件设备和雄厚的资金支撑，并不能成功，促使企业成功的是优秀的员工。所以不管是企业想要发展，还是员工想要进步，都离不开学习，都离不开向比自己优秀的人才学习。

成功，单靠一个人的力量是远远不够的，一个成功者不仅懂得向比自己优秀的人才学习，还会善用比自己优秀的人才。人们常说："听君一席话，胜读十年书。"这句话就是告诉我们像别人学习的重要性。向比自己优秀的人学习，我们会学到书本上没有的知识，这些知识是无价、无形的，但是却能够帮助你在职场上更快地提升自己。

在企业里，每个员工都在努力，如果你想进步，就必须保证自己每天都向比自己优秀的人学习。努力超越别人，遇到问题，自己解决不了的话，可以谦虚地向别人请教，聪明的员工懂得借助外部的力量帮助自己。所谓人外有人，天外有天，也许别人不经意的指点，就能够帮助你走出困境。

工作的时候，虚心向周围所有的人请教，这些人可以是老板、上司，也可以是同事、下属或者是客户、竞争者。这些人都是你学习的对象，通过请教学习，你可以吸收到别人总结的精华，这样能够帮助自己不断提升工作能力，抓住可遇而不可求的发展机会。也会让你成为老板器重的员工，从而更快地走向成功。

2

永不满足的企图心让你每天都出色

相关研究表明:人在长期从事一项工作的时候,其实只用到自身潜能的十分之一。由此可见,我们在工作中,想要出色地完成工作,就需要在工作的过程中不断地去挖掘那剩余的十分之九的潜能。而永不满足的企图心会激发出人类潜在的能力,让你在工作中,不断地提升自己,不断地超越自己。

《道德经》里有句话:“知人者智,自知者明,自胜者谓之强。”这就话就是告诉人们,战胜自己,超越自己的人往往更容易成功。所以员工们想要在工作中取得优异的成绩,一定要从自身做起,加强自身的工作能力,怀有一个永不满足的企图心,不断地激励自己,提高工作的积极性。

职场中,不管从事什么职业,不管在社会上扮演何种角色,成功都是因为有一颗永不满足的企图心。因为有了永不满足的企图心,才会有动力不断地学习和进步,才会在工作中也保持着那种主动学习,不断进步的良好习惯。永不满足的企心更是获取胜利的法宝,人们往往在不满足的时候,才会有拼搏的动力,而拼搏会让你在工作中每天都有出色的表现。

我们知道,狼是一种不会满足的动物。据说狼每次在攻击成功后,它并不会满足,即便它已经在吃捕到的猎物,它的情绪仍处于亢奋状态,它仍旧会继续搜寻猎物,这个时候只要有新的猎物出现,狼就会立刻扑向新的猎物。在人类社会中,很多成功者也有着类似的狼性。他们会像狼这样永远不会满足现状,每一天都在奋斗和拼搏中度过。所以才会有人用狼性来形容不断创新和拼搏的精神。

所以,员工们想要在企业里凭借出色的表现,赢得晋升的机会,想要通过工作实现自己的理想。既要狼性的去工作,以永远不满足的心态去奋斗。因为不管是工作上还是生活中,你都会遇到各种挫折和困难,这个

时候，不满足于现状的你，会积极、乐观的面对。

现在我们来看一个在营销界广泛流传的故事：

两个欧洲人到非洲去推销皮鞋，由于炎热的非洲人向来都是打赤脚。第一个推销员看到非洲人都打赤脚，立刻失望起来："这些人都打赤脚，怎么会要我的鞋呢。"于是放弃努力，失败沮丧而回；另一个推销员看到非洲人都打赤脚，惊喜万分："这些人都没有皮鞋穿，这皮鞋市场大得很呢。"于是想方设法，引导非洲人购买皮鞋，最后发大财而回。

尽管这个故事是告诉我们成功的心态有多重要，但是也不难想到，如果员工想要成功，那一定要正确的心态，始终坚持永不满足的企图心就能促使你每天出色的工作。因为成功往往就在一念之间，故事里的两个销售者，面对打赤脚的非洲人，因为一念之差，而有两个截然不同的结局。

其实不管在什么领域，成功都取决于积极进取的心态，员工不满足于小成功、小业绩的心态，而这种心态是促使员工激发自身潜力的动力。这样的员工有着不同寻常的潜能，往往因此，才会有出色的表现，才会被独具慧眼的领导看中，并给其发展的机会和空间。

如果你只是一个安于现状，毫无野心的员工，就不会有永不满足的企图心。如果在工作中，你持有这种思想状态，那你很有可能一直做个平庸的员工。相反，如果你是一个不满现状，有个永不满足的企图心，你就会有动力，有激情地做好工作，因为努力，你就会成功。有人听过"站在高台望低洼。"这句话吗？这句话是形容那些安于现状，不思进取，没有志向或者志向不高的人的思想状态。

帕布洛·卡萨尔斯是世界上首屈一指的大提琴演奏家。他在九十多岁高龄的时候仍然坚持每天练习6个小时。在他九十五岁的时候，英国BBC电视台为他做了专访。记者小心翼翼地问卡萨尔斯一个自己非常好奇的问题。"您已经是世界上最出色的大提琴演奏家了，可为什么每天还在孜孜不倦地练习呢？"

卡萨尔斯回答道："哈哈，我也想停止练习，可即便是现在，每天练习后我依然能感觉到自己在不断地进步。"

生活中，有很多人越是成功越不满足，他们会像卡萨尔斯怀着永不满足的心，不管何时都努力工作想要自己更进步，更出色。也许有人会觉得自己不够幸运，总是羡慕别人拥有比自己美好的东西。那些总是抱怨自己境遇不好的人，一定不是出色的人，如果你想改变状态，你唯一能做的就是努力工作。脚踏实地的学习和拼搏，只有这样你才能够成为你所羡慕的人。

3

一定要明白自己要学什么

“闻道有先后，术业有专攻”这句话出自韩愈的《师说》。意思是说学习是有先后的顺序，不受到年龄的影响，每个人都有自己擅长的领域。从这点我们可以总结出，每个人都有自己所擅长的东西。既然如此，想要在职场中发光的你，一定要不断的学习和进步，而学习就不能像捕鱼那样广撒网。学习一定是要有目的性的，先明白自己擅长的是什么，再决定自己要学什么，这样才能够达到事半功倍的效果。

我们都知道学海无涯，人的精力有限，想要掌握到所有的知识是不可能的。所以在学习中，一定要明白自己要学什么，什么是对自己的发展有用的。要有选择性、针对性的学习，才能达到精通的地步，进而出色地实现目标。

一个成功的人，往往不是因为他很博学，而是因为他在某一个领域很精通。所谓的全才，世上并不多见。现在的企业里，员工之间的竞争非常的激烈，特别是那些优秀的企业里，每个人都是佼佼者，想要在高手如云的集体里成为出众的职员，并不是一件易事。所幸的是，现在的企业里，最需要的是专业型人才，而不是全才，只要你在某一方面比较出色，就能够在竞争中脱颖而出。

史蒂夫是微软公司举足轻重的人物，但是他并不怎么精通电脑方面的知识。但是比尔·盖茨却为他支付了一年数百万的薪金。这让很多不知道内情的人无法理解。

曾经有位记者问过比尔·盖茨："史蒂夫先生不是特别精通电脑，他为何能成为一个软件巨人？"

比尔·盖茨回答说："史蒂夫确实不是特别精通电脑，但他的外交语言和风度无与伦比。"原来，微软公司很多的商务谈判都不离不开史蒂夫，他为微软的软件销售、法律谈判做出了巨大的贡献，他是世界上数一数二的谈判专家。这一点，相信微软里很多精通电脑编程的工程师都望尘莫及的。

原来这就是史蒂夫先生在微软备受重用的原因，相信直到现在为止，也没有谁能取代史蒂夫在微软的位置。

这个小故事告诉我们一个简单的道理：一个人成功，不是因为他是全才，而是他在某一方面特别的出色，这就能够获得竞争的优势。所以，在企业中学习，一定要针对性的去学自己比较擅长的东西。

其实，职场的学习道理并不复杂，只要你懂得"不怕千招会，就怕一招先"的道理就够了。职场里，你不必事事都去学习，只要明确自己的目标，明白自己要学什么，然后有方向的学习，在学习中突出自己的闪光点，就可以了。针对性的学习需要注意以下几个方面：

(1)学习自己最擅长的东西。

员工想要在竞争的企业里脱颖而出，首先要了解自己，发挥自己的优势。学习自己最擅长的东西，把擅长学至精通，然后运用到工作上，那自己的强势和别人去竞争，就一定能够成功。

(2)不可以盲目地随波逐流。

在企业里，切忌不要跟风的学习，你不能看到别人在学，你也跟着学。如果随大流，别人做什么你也做什么，不去考虑自己是否需要这方面的知识，也不看自己是否有学习这方面的优势，就盲目地付出时间和金钱在无效率的学习和工作上，无疑会给自己徒增负担。

(3)了解企业的需求，有针对性地去学习。

想让自己的职业有个更好的发展前途，在工作中的学习是不可避免的。但是你一定要先了解企业需要什么样的人才，然后根据自己的特长和优势进行针对性的学习,只有这样才能帮助到自己。否则,你忙得昏天暗地去学习一些对企业没有用的知识,也是做无用功,这种得不偿失的付出一定要避免。

作为企业里一名尽职尽责的员工,想要不断的学习,提升自己。就要根据企业的需求,根据自己的职场规划,根据自己的优势,通过针对性的学习强化自己的优势,在某一个领域做到无可代替,就能够在企业里做到百尺竿头更进一步,就会有更加明亮的前途。

4

学习中没有捷径,捷径都是陷阱

我们知道,人的一生都在学习,所谓活到老学到老就是对学习的很好概括吧。比尔·盖茨也说过:“一个人如果善于学习,他的前途会一片光明。”如果你想成功地拥有一份能满足自己的物质需求,又能满足精神需求的工作,那就要在工作中不断地学习,在学习中不断地进步。但是学习是没有捷径的,所谓的捷径只是陷阱而已。

曾在网上看到一则名叫十字架的故事。说是有很多人背着十字架缓慢地朝目的地前进。走着走着,有一个人就突然停下来了,他想:这十字架太沉重了,我就这样背着它得走到何年何月啊?于是他做了一个惊人的决定:他把十字架砍掉了一块。砍掉之后,由于重量减轻了不少,于是他走的很快。就这样走啊走的,走了很久很久。他又累了,他想:“虽然刚才把十字架砍掉了一截,但是还是很重,不如在砍掉一点吧。”为了自己能够更快更轻松的前行,他这次把十字架砍掉了一大截。这下子他轻松了很多,毫不费力地就走到了队伍的最前面。当别人都在费力

地行走时，他却轻松的唱起歌来。

就这样走着走着，别人背负着沉重的十字架，而他轻松极了。正当他轻松地走在队伍最前列，愉悦地哼着小调的时候，他看到前面的路突然呆住了，原来前面突然出来了一条又深又宽的沟壑，沟壑上没有桥，周围也没有其他的路。这个时候后面的人慢慢地赶上来了，他们用自己背负的那沉重的十字架搭在沟上，做成桥，很轻松地跨越了沟壑。当他也想这样做的时候，他绝望地发现自己的十字架因为被砍掉过，所以长度无法到达对岸。

其实在人生的道路上，我们每个人都背负着十字架在前行，十字架上有学习、有工作、有感情，也有生活。这些构成了人生的责任和义务，想要成功地抵达目的地，实现自己的价值和理想。这些东西都是不能够放弃的，不管他们给我们的身心带来了多大的伤痛，这些我们只能去体验，去经历，去感受。因为不管是生活还是工作，都没有捷径可言。

看完上面这则小小的故事，我想你一定会有深刻的感受。成功不会是从天而降的，如果想要不劳而获是不可能的。工作亦是如此，职场的成功，也需要你一步一个脚印的前行，在行进中不断地学习，不断地完善提高自己，这样才有可能抵达目的地。

俗话说："勤能补拙，熟能生巧。"想要在工作中不断的学习和进步，登上更闪耀的舞台，就要像蜗牛爬上宝塔那样，一步一步往上爬，乘着阳光，迎着风雨，不畏艰难和险阻，坚持而勤奋的实现目标。这个过程中，没有捷径，而想要实现职场目标，不仅需要坚持和勤奋，还要有崇高的敬业精神，这样才能够做好工作。

这是一个真实的故事，故事主人翁吕云是一位好学上进的女孩。吕云在北京参加自考，刚开始的时候，自己很努力地备考，尽管有时候会考不过，但是她依旧不放弃，很努力地去学习。后来因为工作，她没有那么多的时间，也没有那么多的心思放在书本上，好几次考试都没有考过。后来听说有那种交了钱去上课，可以包过的那种培训班，便花了不少钱去报培训班，半年过去了，吕云的考试依旧没有通过，后来问她培训班怎么样，她就说还那样，不过可以继续去上课。

其实，后来听朋友说，她报的那个培训班，现在都不存在了。其实不管那个培训班现在还在不在，但是吕云并没有像培训班所说的那样，只要来听课考试就能通过，不管是吕云没有认真备考也好，还是培训班的目的就是骗钱也好，最终的结果都一样。就说吕云花了钱，也付出了时间，可是并没有成功。她想找一条捷径走向成功，却不曾想深陷在陷阱里，前进不得。

吕云的故事真切地告诉我们，学习没有捷径。所谓的捷径都是陷阱，学习之路是要一步一步走的，没有任何方式能够帮助你可以一步登天。工作也是一样，工作没有大小之分，再大的工作，也需要分成细小的步骤去完成。

5 摒除学习中的坏习惯

在生活和工作中，每个人都会有属于自己的习惯，有的习惯是先天的，也有的习惯是后天形成的。有的习惯会给自己带来好处，而有的习惯可能会影响自己的形象，甚至有可能会影响工作或交友。如此一来就需要人们在生活和工作中，摒除那些对自己不好的坏习惯了。

著名的教育学家威廉·詹姆斯说："播下一种习惯，收获一种性格；播下一种性格，收获一种命运。"可见习惯对人生的影响有多么重要。如果在职场中，你养成了不断学习的习惯，并且能够克服障碍，摒除一些坏习惯，那你一定能够在职场中有很好的发展。对于企业来说，如果员工们都有爱学习的好习惯，并能够在学习中不断地提升自己，那么这个企业就有了进步和发展的动力。

李云非常喜欢设计专业，大学主修的也是室内设计，大学毕业李云顺利地找到了一份家居用品设计的工作。这份工作无疑

帮助李云实现了她的职业理想，所以她下定决心要努力做好。

刚进入职场，要把学校里学到的理论知识运用到实践中并不是一件简单的事情。经理特意安排一个老员工指导她，那名员工跟李云说："刚开始工作，都是从模仿开始的，所以你有空可以去看下其他相关网站，看同行都是怎么做的，以便借鉴。"

于是每次领导安排任务，李云都习惯性地先看看别人的设计，然后自己加以修改。起初，她的设计很受领导赞赏，可是工作都一年多了，她的设计并不见起色，还是处于模仿阶段。为此，领导找她谈过，告诫她："设计的时候，不要先去看其他作品，这样很容易形成固有模式，很难进步和创新。"

听了领导的话，李云很是困惑，因为她现在只要接到新的任务，她无法单独思考设计出作品来，只有看完相类似的作品后，进行一些改变。这样的话，就预示着李云的设计遇到瓶颈，如果无法克服这个问题，她就不会进步。造成这个局面的原因就是她已经养成模仿的习惯了。

李云的这种状况，可能很多人在工作的时候都会遇到。比如，现在很多记者，都习惯在网站上寻找新闻，然后自己加以修改，以自己的名义发表，长此以往，记者的采编能力必定会下降。这样图省事、懒于思考的习惯，只会带来一时的便捷，最终受害的还是工作者本人。

阅读完上述的例子，我想你已经知道在工作学习中摒除坏习惯的重要。如果说好习惯能够提升员工的工作能力和效率，那么坏习惯就能降低员工的工作积极性和效率。想要做好工作，不仅需要不断地学习，提升自己工作的能力和办事的效率，还要摒除工作中的坏习惯。

(1)摒除坏习惯，不做手机控。

手机几乎是生活的必备品，特别是职场中的工作者，没有手机，就不能与同事和客户进行及时的沟通。但是，员工们在学习过程中使用手机的时候，一定要记住，把手机调静音或震动，尽量不要在办公室里接电话，不明电话尽量不接听。

(2)工作利落，每天以最快的速度进入学习状态。

很多员工都有拖拉的坏习惯，每天学习之前，总是习惯浏览下八卦帖子，聊会天，找资料的时候看到感兴趣的网页，也会顺手点击浏览。其实，时间就是这样在不经意间流逝，如果你总是感觉上午活还没干，时间就过完了，那你肯定是患有严重的拖拉症。这样的话就很难提高自己的学习效率，想要进步一定要努力克服这个坏习惯，每天告诫自己要以最快的速度进入工作和学习状态。

(3)做个行动派，摒除只想不做的坏习惯。

优秀的员工都是行动派，他们不会因为事情有难度就胆怯，也不会妄自菲薄小看自己，他们成功的秘诀就是敢想敢做。有些人知道应该通过学习来提升自己的能力，但每天想几百遍，就是拿不出具体的学习计划和行动。

(4)摒除坏习惯的关键，要有持之以恒的毅力。

在学习的过程中要有持之以恒的毅力，这是决定我们学习成败的关键因素。凡事贵在坚持，在学习时如果只是心血来潮三分钟热度，是不可能有所收获的。

其实摒除学习中的坏习惯，还有很多要点需要克服，但是不管是怎样的坏习惯，只要你有坚定的毅力，就一定能够成功。员工不管从事时间长短，都有学习的必要。在学习的时候，员工们就要开始注重学习效率，既要要做到保质保量地按时完成工作，也要抽出一定的时间来努力学习，为自己充电。

习惯就是一把双刃剑，它时刻影响着我们的生活和工作。好的习惯能够成就一个人走向成功，而坏的习惯却能够阻碍你的发展，进入职场以后，好的习惯会为你加分，而坏的习惯有可能会毁掉的你的前途。

6 业精于勤荒于嬉

韩愈在《劝学解》上写了句：“业精于勤，荒于嬉；行成于思，毁于随。”

这句话历经千年，依旧被人们争相传颂，它的意思很简单，就是告诉人们，学业靠勤奋才能精湛，如果贪玩就会荒废；德行靠思考才能形成，如果随大流就会毁掉。“精”的结果就是“勤”造就的，而“嬉”自然会造成“荒”。

不管是工作还是学习，勤奋都能够帮助你促进你更快获得成功，取得成就。因为勤奋就像一把万能钥匙，它不仅是打开知识宝库的钥匙，还是成功实现目标的钥匙。纵观古今、中外的成功者，没有一个是懒惰不勤奋的。勤奋造就了美国著名的发明家爱迪生，他制作灯泡的经历，很多小学生都知道。为了找到延长灯丝的寿命的材料，大约试用了6000多种纤维材料。勤奋让司马迁成功的完成了《史记》这一著作。勤奋也让海明威凭借《老人与海》获得了诺贝尔奖。其实这种成功的案例有很多，我们想告诉员工们的就是因为勤奋，他们才会成功。如果你想自己的工作更加的专业，也要做到“勤”才好。

所谓荒于嬉，“嬉”会成为习惯，日子久了它会让你变得消沉、懒惰。有人说“嬉”就像腐蚀剂，它会慢慢的腐蚀掉一个勤奋好学的人，一个勤奋的人原本可以成功的，但是因为“嬉”他会失败的更加可悲。唐宋八大家之一王安石的《伤仲永》我想很多人都知道，这篇文章讲述的是一个名叫“仲永”的神童，五岁便可指物作诗，天生才华出众，因后天自己不要学习和被父亲当作造钱工具而沦落到一个普通人的故事。这样的例子在现代，也不是没有，比如，有很多凭借优异成绩进入大学的同学，因为没有抵挡住象牙外那些形形色色的诱惑，很多人开始沉浸在每天轻松戏玩的状态，四年下来，除了勉强拿到毕业证书以外，没有学到任何一件走向社会有用的东西。这样的人在走进职场以后，开始后悔莫及的想要学习，可是心被放逐了那么久，怎能够轻而易举的收回。

如果想在职场中赢得竞争的本钱，那就要有足够迎战的丰富知识。企业里，员工们同时工作和学习，却不会同时进步。因为勤奋的员工会用心工作，储备更多的知识财富，而平庸的员工只是像应付任务，做完工作就行了，不去计较工作完成的质量。这样不够勤奋的员工，是不会被老板重视的。

波斯威尔说：“对于知识的渴求是人类的自然意向，任何头脑健全的人都会为获取知识而不惜一切。”即便是在现代竞争激烈的职场中，勤奋学习的员工都会备受老板的关注。可能员工想要不被淘汰，就需要勤奋的学习。但只要时刻用学习来提高自己，就能用新的知识来充实自己。不管是否有专心学习的心境，不管是否有专业指导的老师，也不管你之前学习储备的能量有多低，只要你积极主动，用心的去学习，你的勤奋付出就会有收获。

有人说学历代表的是过去，而不断的学习才能代表未来。的确，走出校园，进入职场，每个员工的起点开始的时候都是一样的，为何几年下来，每个人所站的高度都不一样呢？这就是学习是否勤奋的问题。企业里，每个人都是经过精挑细选才会踏上岗位的，如果你想一群优秀的人中看得更远，你只能想办法垫高自己。而垫高自己最佳的方法就是勤奋的学习，敬业的完成工作，在不断的学习中来提升自己。只有这样，才能够在竞争激烈的职场中胜人一筹。

附 录

自测题:你能否把今天的工作做好

一、判断题(每个小题1分)

1.今天的工作未做完,可以放到明天再做。(　)

2.保证今天的工作做好是重要的事情。(　)

3.只要有正当理由,哪怕工作有瑕疵也是可以被原谅的。(　)

4.工作的薪水和福利是我们择业的首要条件。(　)

5.敬业法则:忙就忙在点子上。(　)

6.遇到工作难题就绕行,是职业员工的最佳选择。(　)

7.领导怎么说,我就怎么做,没接到命令就应该停工待命。(　)

8.工作对员工来讲是毫无乐趣可言的一件事情。(　)

9.工作压力越大,员工情绪越低落。(　)

10.工作的关键在学历,只有高学历才有高能力。(　)

11.工作经验是法则,跟着经验走,工作准没错。(　)

12.领导怎么说,咱就怎么干,出了问题领导负责。(　)

13.有效沟通能减少工作中的矛盾。(　)

14.微笑能让你获得更多的帮助。(　)

15.永不满足的企图心让你每天都出色。(　)

二、填空题(每个小题2分)

1.作为一名优秀的员工,对待每日的工作________这是最基本的条件。

2.深刻谨记,工作之事没有大小,工作质量只有________没有差不多。

3. 一名优秀的员工是不会在工作中找借口的，他们深知________一样会谋杀掉自己的工作前途。

4. 每天做好工作是员工最基本的要求，也是________的体现。

5."第一次就把事情做对"是著名管理学家克劳士比________理论的精髓之一。

6. ________的心态会影响工作的态度，而工作态度也决定着你的事业成功与失败。

7. 工作不懈怠，从不________开始。

8. 天天乐业的秘籍：________。

9. 你的工作态度，决定你的________。

10. ________创造一流的工作成绩。

11. 工作要创新就必须抛弃________。

12. 不要应付式执行，而要________式执行。

13. ________是沟通的法宝。

14. 高效沟通建立在________的基础上。

15. 学习中没有捷径，捷径都是________。

三、论述题(1 题 15 分，2、3 题各 20 分)

1. 为什么我们不能仅仅为了薪水而工作呢？

2. 想要利用创新的思维解决"今天"的问题，一般要经过哪几个过程？

3. 在工作中，我们要怎样提升自己的幽默感，增添自己的幽默语言呢？

参考答案：

一、选择题：

1.(×)2.(√)3.(×)4.(×)5.(√)6.(×)7.(×)8.(×)9.(√)10.(×)11.(×)12.(×)13.(×)14.(√)15.(√)

二、填空题：

1.绝对不"打折"　2.更好、最好　3."借口"犹如"凶手"　4. 忠诚

5．“零缺陷”　6．浮躁　7．“瞎折腾”　8．清除工作中的坏情绪　9．工作热度　10．一流的工作能力　11．“经验主义”　12．负责　13．坦诚随和　14．平等　15．陷阱

三、论述题：

1．答：

（1）员工如果纯粹的只是为了薪水去工作，这样的员工是很难在工作中寻找到自身价值的，也很难看到工作对自己的意义，无法开拓出理想的职业前景。一个一味看中薪水的员工，他对企业的忠诚度一定不高，这样的员工老板是不会委以重任的。因为也许哪天你就会为了一份薪水比较高的工作离开或者背叛公司。

（2）作为员工，要摆正自己的位置。要深刻地认识到，想要成功单靠个人的努力是不够的。在企业里员工之间、员工和公司之间都是有密切关系的。只有公司成就了员工，员工才会给企业带来利益。同样的道理，如果公司发展好了，员工的收益也会增多，福利也会随之提高，公司为员工提供的事业平台也会更广阔。

（3）公司是员工学习的课堂，公司不仅能够给员工提供薪水，还是员工进步、发展的平台，更是员工实现梦想的舞台。所以员工只是为了薪水而工作，就会错失一个实现梦想的机会。所以员工应该以认真的态度，忠诚的心态为企业工作，为自己工作。

2．答：

（1）仔细分析，明确唯有创新性的方法才有可能解决目前的困难。

（2）冲破固有观念，用发展的眼光看问题，要随着事物的变化而不断改进自己的想法。

（3）善于观察和总结，创意无处不在，要从生活中细小处寻找灵感。

（4）面对挑战，自信非常重要。要相信自己一定能够找到解决问题的最佳创意。

（5）保持轻松愉悦的状态，积极面对所有的挑战，创意来临要即刻付诸行动。

3．答：

（1）扩大知识面。

员工们在日常工作之余，要懂得提升自己，也许博览群书并不是每个人都做得到的。但是只要你坚持阅读,就能够提升自己的知识面,一旦知识累积多了,就能够在各种场合从容自如的应对。

(2)善于培养情绪。

一个思想消极、情绪低沉的人是不会有幽默感的,他也不可能说出幽默的语言来。想要提升有幽默感的员工,一定培养高尚的情绪和乐趣,要心胸开阔,对生活充满热情。

(3)提高观察力和想象力。

幽默的人并不是智商高的人,但是幽默的人一定有着丰富的想象力和较高的观察力。只有这样,他们才能够灵活地运用身边的事物组织起幽默的联想和比喻。

(4)交际提高幽默感

员工想要掌握较高的幽默感,一定不要拘泥于自己的小圈子。要多参加社会交往,多和周围的人接触,增强社交能力,只有这样,才能提升自己的幽默感,丰富自己的幽默语言。

工作幽默笑话

1. 高职人员

约翰对朋友说:"我底下有几千名办公人员。"

朋友向他道喜,说道:"那你的职位一定很高吧。"

约翰从容不迫地答:"我的办公室在29楼嘛。"

2. 辞职

A对B说:"我要离开这个公司。我恨这个公司!"B建议道:"我举双手赞成你报复!!破公司一定要给它点颜色看看。不过你现在离开,还不是最好的时机。"A问:为什么?B说:"如果你现在走,公司的损失并不大。你应该趁着在公司的机会,拼命去为自己拉一些客户,成为公司独当一面的人物,然后带着这些客户突然离开公司,公司才会受到重大损失,非常被动。"A觉得B说的非常在理。于是努力工作,事遂所愿,半年多的努力工作后,他有了许多的忠实客户。再见面时B问A:现在是时机了,要跳赶快行动哦!A淡然笑道:老总跟我长谈过,准备升我做总经理助理,我暂时没有离开的打算了。

3. 懂了啊

两年前在厂里工作,一天我跟我师父(其实就比我大1岁)去分厂办事,材料员是个四十多数的大姐,姓董。办完事我师父十分有礼貌,想说:董姐,走了啊。结果说出来成了:"懂了啊。"

4. 女先生

有一次给一位姓王的客户打电话,总机接电话的是一个声音很甜的MM,她告诉我他(她)的分机号。我不知道我要找的这位姓王的是男是女,我就顺便问了一句"请问他是男先生还是女先生?"

5. 我要聘用他

老板杰克到警察局报案:"有个人冒充我公司的推销员,在镇上赚了20万美元!这比所有的雇员在客户身上赚到的钱要多两倍。请你们一定要找到他!"

"我们会抓住他,把他关进监狱的!"

"关起来干什么?我要聘用他!"